我国高职教育集团化办学的思路与对策

徐佳◎著

图书在版编目（CIP）数据

我国高职教育集团化办学的思路与对策 / 徐佳著. —北京：企业管理出版社，2014.11

ISBN 978-7-5164-0963-3

Ⅰ.①我… Ⅱ.①徐… Ⅲ.①高等职业教育－办学模式－研究－中国 Ⅳ.①G718.5

中国版本图书馆CIP数据核字（2014）第247836号

书　　名：我国高职教育集团化办学的思路与对策
作　　者：徐　佳
责任编辑：申先菊
书　　号：ISBN 978-7-5164-0963-3
出版发行：企业管理出版社
地　　址：北京市海淀区紫竹院南路17号　　邮编：100048
网　　址：http://www.emph.com
电　　话：总编室（010）68701719　发行部（010）68701073
　　　　　编辑部（010）68456991
电子信箱：emph003@sina.cn
印　　刷：北京大运河印刷有限责任公司
经　　销：新华书店
规　　格：170毫米×240毫米　16开本　9.75印张　139千字
版　　次：2014年11月第1版　2014年11月第1次印刷
定　　价：69.00元

前言

我国最早的职业教育集团产生于20世纪90年代初。当时，职业教育集团化办学并没有引起人们广泛的关注。进入21世纪以来，随着我国职业教育的发展，职业教育集团化办学也取得了一定规模的发展。职业教育集团化办学正成为我国职业教育办学形式的主流而在全国悄然兴起。党中央、国务院高度重视我国职业教育集团化发展办学的模式。2005年5月，《国务院关于大力发展职业教育的决定》中明确提出了要推动公办职业学校资源整合和重组，走规模化、集团化、连锁化办学的路子。2009年2月，《教育部关于加快推进职业教育集团化办学的若干意见》中再一次强调，集团化办学符合科学发展观的基本要求和职业教育发展规律，是发展中国特色职业教育的重要举措，我国的职业教育要进行集团化办学，集约式发展。我国职业教育集团化办学已经得到了较快的发展，呈现出良好的发展态势，取得了一定的成绩。但同时，职教集团也呈现出运行不畅的问题。基于对我国职教集团的现状的调研，笔者分析了目前我国进行职业教育集团化办学存在的部分突出问题，主要是企业的积极性不够、职业教育集团发展不平衡、集团化办学机制需要完善等。笔者在对现有问题进行原因分析的基础上，结合管理学的相关原理，对如何完善我国职业教育集团化办学的体制、建立办学的机制以及构建绩效评价指标体系提出了自己的观点。

本书共分为8章，第一章绪论，介绍了本书的写作背景；第二章对职教集团研究的的理论基础进行了阐述；第三章通过对国内外职业教育集团化办学模式的系统化分析，为我国下一步建立职教体系提供了借鉴；第四章分析了我国目前职教集团的办学现状，发现办学体制与机制的建立是我国职业教育集团化办学中亟待解决的问题；第五章至第七章，以职教集团办学要素为逻辑起点探讨了我国职教集团的管理体制及运行机制，并建立了职教集团的绩效评价体系，以期为职教集团的监管提供思路；第八章介绍了我国具有典型性的几个职教集团的案例，希望能以此为读者提供借鉴。

本书在编写的过程中参考了许多相关著作和论文，在此谨向所有编著者表示感谢！同时，本书存在的不足之处敬请各位读者批评指正。

徐佳

2014 年 5 月

目　录

第一章　序　言

第一节　研究背景

高等职业教育是我国教育体系中的重要组成部分，是国民经济和社会发展的重要基础。大力推进高等职业教育改革与发展是实施科教兴国战略的必要步骤。随着社会主义市场经济的不断深入和我国加入世界贸易组织，先进教育理念的引入和教育思维的改进，境外教育资本的流入以及现代化教育技术的引进，社会经济快速发展对具备高素质职业技术人才的需求旺盛，社会需要一大批工作于生产、经营、管理、服务一线的高素质劳动者，这些都将成为职业教育发展的有利因素。发展高等职业教育不仅能够提高劳动者的素质，满足企业对高素质人才的需求，更是拓宽就业渠道、促进劳动就业和再就业的重要举措。

目前，我国高等职业院校占全国高校的半壁江山，如何加强高职教育建设显得尤为重要，而高职院校在办学过程中也面临新问题。一方面，难以摆脱普通本科教育的影子，成了普通本科的“压缩饼干”；另一方面，在强调技能和就业的同时，在一定程度上与中职培养目标趋同，其“高等性”未能得到充分体现。如果以上问题长期得不到解决，不仅会间接导致我国职业教育规模隐性萎缩，也必将加大职业教育吸引力不强的问题。

因此，在不断摸索和探寻的办学过程中，职教集团化的办学模式应运而生。这种新型的组织形式，带给企业和学校的好处是显而易见的。但是，因为没有前驱的理论支持，这种“摸着石头过河”的发展模式形式多样、发展不一。也正是因为缺乏系统的理论支撑，很多职教集团在创建过程中由于各种原因无法继续前进，或是在尚未见效时就宣告结束，初始投入付诸东流，造成了极大的资源浪费。

近几年，也有很多的相关研究，但这些研究大多是办学者实践经验的总结，抑或是学者从国外引进的理论，并未针对我国国情提出一套系统的涵盖集团化办学的内涵、理论基础、运行原则、保障机制等，对实践操作具有指导意义的理论体系。

希望通过本研究，引发更多对高职教育集团化办学感兴趣的实践者和研究者进一步思考，将高职教育集团化办学发展成为育人与用人无缝链接的有效载体，拓展成为产学结合、半工半读、专业研发的深层形式，对我国当前高职教育的创新发展提供实践性的指导和帮助。

《国务院关于大力发展职业教育的决定》[①]中明确提出："要推动公办职业学校办学体制改革与创新。公办职业学校要积极吸纳民间资本和境外资金，探索以公有制为主导、产权明晰、多种所有制并存的办学体制。推动公办职业学校与企业合作办学，形成前校后厂（场）、校企合一的办学实体。推动公办职业学校资源整合和重组，走规模化、集团化、连锁化办学的路子。"因此，一些先进的管理手段和企业组织形式被借鉴到职业教育领域，一种新的职业教育管理模式——职业教育集团化办学应运而生。

河南、海南、天津、山东、上海等省市结合各省市实际情况进行了有益的探索，并形成了一定的模式和特色，在很大程度上推进了所在地区的职业教育，同时为其他各省的职业教育集团化办学提供了很好的借鉴。

改革开放以来，我国大力发展职业教育，以适应迅速发展的经济需要。经过30多年的发展，职业教育规模不断扩大，数量急剧增加，为社会输送了一大批技能型人才。但其隐含的矛盾也越来越突出，主要表现在优质资源紧缺、资源浪费严重、办学效益低、办学质量水平不足等方面。为优化教育资源、提高职业教育办学效益及办学质量，在遵循教育规律的前提下，借鉴产业组织的观念、实践经验和教训，

①《国务院关于大力发展职业教育的决定》（国发〔2005〕35号）[Z]. 2005.10.28（http://www.moe.edu.cn/publicfiles/business/htmlfiles/moe/moe_1778/200710/27730.html）

引入有效的企业集团组织形式而组建的职业教育集团由此应运而生。

为推动职业教育资源的整合与重组，走集团化、规模化、连锁化发展的道路，《国家中长期教育改革和发展规划纲要（2010—2020）》提出要探索部门、行业、企业参与办学的新机制以推进校企合作，实现集团化办学。现在职教集团已被看作是一种改革现有职业教育管理体制和办学模式，创新职业教育发展模式的重要途径。职教集团的产生是历史发展、社会发展和职业教育发展的必然选择，是适应社会历史发展规律和潮流的产物。

集团化办学是探索职业教育办学国家制度改革的重要举措。截至2007年9月底，全国有25个省市自治区成立了近200个职业教育集团，具有集团特征的紧密型合作组织有120多个。据不完全统计，职教集团和具有集团特征的紧密型合作组织共吸纳成员单位6479个，其中职业院校1387所、行业协会274个、企业3668个、科研机构150个[①]。截至2012年年底，全国已建职教集团约700个，覆盖100多个行业部门、近两万家企业、700多个科研机构和50%以上的中职校以及90%以上的高职校。湖北、陕西、河南、福建等地印发了推进集团化办学的文件。辽宁启动了示范性职教集团建设，陕西省财政每年投入300万元对集团化办学予以支持[②]。目前还有更多的省市正在酝酿组建职业教育集团。可见，在国家政策的引导和前期建立的职教集团的示范作用之下，这种教育组织形式所辐射的范围越来越广，所吸纳的成员也越来越多。

不管是否真正被大众所接受，职业教育集团已经被当作是当今深化职业教育体制改革的出路之一。这是因为职业教育集团化办学着实解决了当前职业教育所面临的诸多问题。

首先，在近期甚至今后的一段时期内，社会就业将成为我国十分突出的问题。

① 黄尧. 职业教育集团化办学的理理论研究与实践探索[M]. 高等教育出版社，2009.2

② 鲁昕. 深入推进教育体制改革试点工作完善职业教育国家制度体系[Z]. 2012.12（http://www.moe.gov.cn/publicfiles/business/htmlfiles/moe/moe_176/201302/147661.html）

一方面，出现“就业难”，无论是农民工还是大学生，都面临着“僧多粥少”的社会现实；而另一方面，我国的技术人才缺口却相当大，很多企业无法招收到符合企业用人需求的专业技术人才。因此，要实现社会的充分合理就业，就必须尝试高职教育集团化的办学思路。

其次，各类学校专业相似度过高也是加大就业压力的一个因素。以会计专业为例，基本上所有的学校都会开设会计专业，这也是市场经济作用的结果。由此造成很多学校培养出来的学生的知识构架和专业技能具有高度的相似性，从而加重了社会的就业压力。在职教集团化办学思路下，对集团内部的资源进行整合和分离，使得相同的专业，在不同的研究方向和领域进行协调，以求得差异化。这在很大程度上缓解了社会的就业压力。

再次，职教集团化的办学思路能够优化集团内部资源，在极大提高效率的同时也降低了办学成本。集团内部不同个体之间，在集团利益最大化的基础上，可以进行资源整合与共享，从而节省了集团成本甚至社会成本。

此外，从国务院和教育部发布的文件以及教育部领导的讲话中可以看出，政府已经对此模式给予充分肯定，因此，职业教育集团化办学作为突破校企合作的方式，受到地方政府的追捧。目前我国所有的省份都建立了数量不等的各种职业教育集团，在全国各省的《中长期教育改革和发展规划纲要》中，几乎都提到了职业教育集团化办学的规划，可见构建职业教育集团几乎成为各地职业教育中长期发展规划的必备内容。在我国，一些省市的职教集团发展得轰轰烈烈，比如河南省已组建60余个职教集团，吸纳职业院校、行业协会、企业、科研机构等成员单位2000余家。湖南省2010—2012年，新成立了9家省级职教集团，全省职教集团有26家，职教集团加盟合作单位2223家，其中省内外规模企业1341家，高中职院校467所，行业协会和其他科研机构415个。东北地区及西北地区的职教集团起步较晚，而其他因这种持续扩张的态势在未来很长一段时间里还会延续下去。

21世纪是我国将要全面实现现代化的世纪，“实现现代化，关键在科学，基础在教育”。而高职教育作为教育体系中与社会发展直接接轨、联系最为密切的部分，承担着相当重要的任务。学习和借鉴现代企业的经营理念，走集团化经营的路子，实现集团化办学是改革和发展高职教育的重要途径。

高职教育集团化办学有利于高职教育办学体制的创新。通过集团化办学能够改变条块分割、分散经营、势单力薄的传统高职教育管理模式，通过采用共建、联合、重组、兼并、兴办等方式，大力推进了高职院校之间、高职与中职之间、职院与本科之间、学校与企业之间、部门与部门之间的合作办学。研究高职教育集团化办学的重要意义就是有效地优化和整合社会职业教育资源，合理配置和使用教育资源，实现纵向沟通、横向联合、资源共享、优势互补，从而降低职业教育的办学成本，提高办学质量和办学效益，把高职教育做大、做强。这种办学模式有利于打破传统单一学校办学所表现出来的惰性和封闭性弊端，为薄弱职业学校和民办职业学校提供了良好的发展机遇。

过去，一个专业对准一种行业，一个学生只能适应一种岗位，中高职所学专业难以衔接。这个问题，通过高职教育集团化办学将会迎刃而解。

笔者于 2008 年开始接触到职教集团，并在 2009—2010 年间接触了很多教育界人士。虽然在此期间职教集团的实体已经建立了不少，但是却被当作新鲜事物，鲜为人知。而对于职业教育集团化办学的真正内涵及运行机制、体制等问题，却很少有人能清楚地回答。同时，在前期职教集团化发展进程中，因为缺少理论依据，很多职教集团背离了初衷，有些职教集团甚至因为各种原因宣告解散。鉴于此，本研究主要从高职教育集团化办学的理论依据、实践经验和发展策略等方面进行研究和探讨，以期对我国高职教育集团化发展有所促进。首先对我国高职教育集团化办学的内涵与作用进行了分析，然后详细地阐述了国内外职业教育集团化办学的演进过程，从教育学、管理学、社会学等方面进行理论研究，总结出集团化办学应遵循的基本原则。并对高职教育集团化办学发展的策略、组织架构、治理机制进行总结。最终形成一整套系统的可供实务借鉴的可操作性强的高职教育集团化理论体系。

第二节 文献综述

国内最早有文字记录使用“职业教育集团”是1992年（北京西城区三所中职集团），但是正式开展职业教育集团研究大约在2002年以后，目前研究成果以期刊论文为主。

一、文献检索

以“职教集团”和“教育集团化”为主题分别在CNKI“中国学术期刊网络出版总库”上搜索，相关文献数量见表1.1。

表1.1 2004—2013年文献数量统计

年份		2004	2005	2006	2007	2008	2009	2010	2011	2012	2013	合计
篇数	“职教集团”	3	22	9	21	60	56	61	64	63	105	465
	“教育集团化”	4	10	12	18	39	41	46	51	58	70	349
合计		7	32	21	39	99	97	107	115	121	175	813

数据来源：CNKI“中国学术期刊网络出版总库”

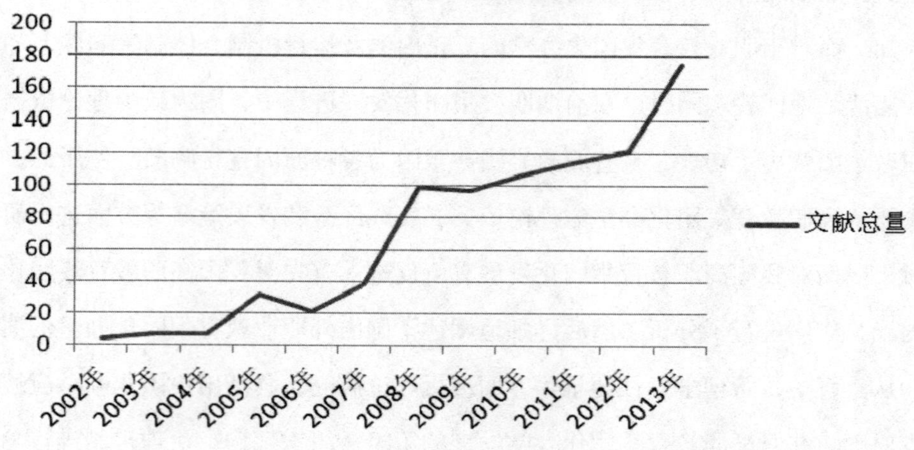

图1.1 相关文献发表趋势图

表 1.2　　文献分类表

年份	报纸	期刊	会议论文	硕士	博士	文献总量
2002 年	1	3	0	0	0	4
2003 年	0	6	0	1	0	7
2004 年	3	4	0	0	0	7
2005 年	8	22	2	0	0	32
2006 年	6	14	1	0	0	21
2007 年	8	26	0	5	0	39
2008 年	28	69	0	2	0	99
2009 年	23	66	2	4	2	97
2010 年	29	71	0	7	0	107
2011 年	12	93	3	6	1	115
2012 年	3	112	1	5	0	121
2013 年	10	153	2	10	0	175
合计	131	639	11	40	3	824

数据来源：CNKI“中国学术期刊网络出版总库”

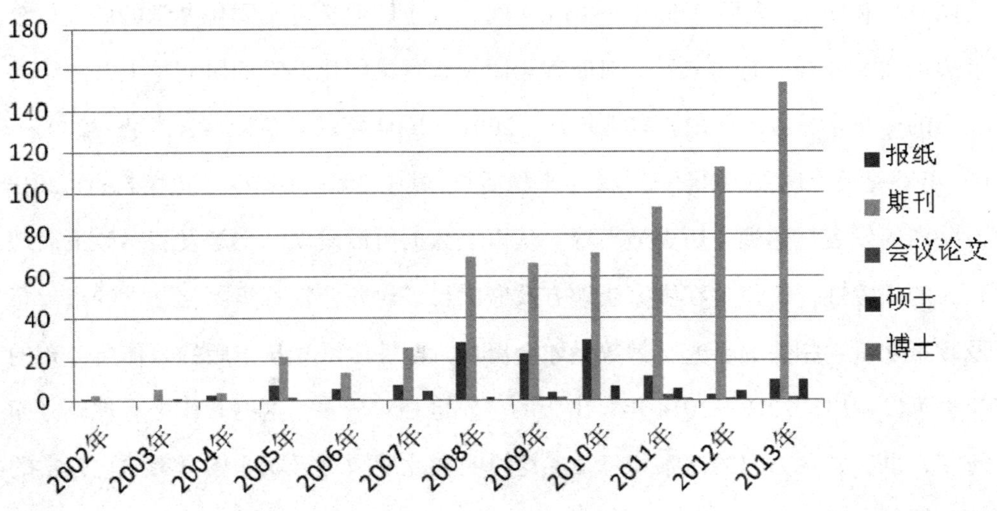

图 1.2 相关文献发表分类统计图

表 1.3　　　　　　　　相关著作明细表

书名	作者	出版社	出版日期
名校集团化办学——基础教育均衡发展的“杭州模式”	朱向军	中国青年出版社	2005
职业教育集团化办学的理论与实践——来自中原大地的报告	崔炳建	大象出版社	2008
职业教育集团化办学的理论研究与实践探索	黄尧	高等教育出版社	2009.2
基于集团化扩张的学校竞争力研究	苏文捷	辽宁人民出版社	2010.12
名校集团化——教育均衡发展的实践演绎	徐一超，施光明	浙江大学出版社	2012. 3
高等职业教育集团化办学研究	崔岩	高等教育出版社	2013.1
安徽省职教集团建设与发展——2012 年调研成果	安徽省职业与教育学会	合肥工业大学出版社	2013.3
职业教育集团化办学试点项目实施方案	蔡钊利	西安电子科技大学出版社	2013.5
高等职业教育集团化办学典型案例	崔岩	西安电子科技大学出版社	2014.1
民办学校集团化、专业化发展研究——以福建西山教育集团为例	张文彬，张绍文	人民出版社	2014.5

数据来源：百度、淘宝、当当、亚马逊等网络搜索引擎

图 1.1 和图 1.2 表明，2002—2013 年间，关于职业教育集团化办学的研究，公开发表论文 824 篇。总体来看，对职教集团及教育集团化办学的研究呈上升态势。从文章的分布来看，表现出阶段性特征：2002—2004 年的呈缓慢增长态势；2005—2007 年呈现激增现象；2008—2012 年平稳增长，其中 2009 年出现了负增长；而 2013 年，文章的发表量达到了历史最高峰。从以上数据可以发现，文章发表对政策表现出较大的依赖性，往往是在国家或地方政府出台了对职业教育集团化办学的指导意见及政策之后，相关的研究文献数量才会出现阶段性激增。从出版的著作所分布的年份也可以看出，2012—2014 年，出版的著作也相对较多，这些著作中有理论方面的研究，也有实践方面的探索和总结。这说明在此期间对于职业教育集团化办学的研究已经基本趋于成熟。

关于职业教育集团化办学的研究逐渐深入，而博士学位论文的出现，说明这一研究的纵深和高度日益突出。

另外，关于职业教育集团化办学方面的中央和地方的政策也陆续出台。这推进了职业教育集团化办学的进一步深化和发展。部分地方性制度文件名称见表 1.4：

表 1.4　　部分地方性制度文件

宏观规划	辽宁职业教育强省建设五年行动计划（2011—2015 年）
	上海市教育委员会关于印发《上海市职业教育“十二五”改革和发展规划》的通知
	安徽省人民政府办公厅关于印发《皖江城市带承接产业转移示范区职业教育发展规划》(2010—2015 年)的通知
	广西壮族自治区人民政府关于印发《广西壮族自治区新时期深化职业教育攻坚五年计划》的通知
	中共重庆市委、重庆市人民政府关于大力发展职业技术教育的决定
集团化办学	福建省教育厅关于进一步加强中等职业教育集团建设的通知
	河南省教育厅关于加强省级职教集团建设的意见
	河南省教育厅关于进一步推进职业教育集团化办学的若干意见
	河南省教育厅关于印发《河南省职业教育集团管理办法（试行）》的通知
	湖北省教育厅关于推进职业教育集团化办学的意见
	陕西省教育厅关于印发《关于加快推进职业教育集团化办学的实施意见》的通知
	山东省教育厅印发《山东省职业教育集团管理办法》的通知

二、文献综述

（一）关于职业教育集团的概念及特征的研究

要研究职业教育集团化办学的问题，必然要从概念上开始着手，因此关于职业教育集团概念的研究成为所有关于“职教集团”“职业教育集团化办学”的逻辑起点，对此内容的研究自然也不乏专家和学者。

马成荣（2005）提出“一种内部各成员拥有各自独立的法人资格，采取协作或联盟关系的自由联合体，是一种有着明确专业分工和结构互补的功能集合体，是一种有着共同发展目标、使命和文化的利益共同体。职教集团可以划入社会组织（包括政府组织、营利组织、非营利组织等三类组织）中的非营利组织，属于“第三部门”中的一部分”[①]。董兆伟（2007）等人则认为“职业教育集团是由若干具有独立法人资格的实体组成的联合体，集团本身不具有法人地位，正如公司集团不是法人一样；职业教育集团目前将主要以托管经营、长期优惠合同等为联结纽带，其中可能伴随有资本的参与，但目前不会表现为股份控制，这正是教育集团区别于公司集团之所在[②]。”刘宝（2010）认为职业教育集团具有以“共建、共享、共赢”为原则，集团以核心成员单位为龙头，集团的内部管理机制主要是沟通与协商，集团类型多样化这四个方面的特征[③]。这一界定强调了职业教育集团内各方的共同目的性，各自的法人身份性，契约联盟的松散性，联盟类型的多样性。还有研究者较为全面地界定了职业教育集团的特征，具体细分为五个方面：“一是多法人联合；二是集团内有一个核心或龙头单位；三是各成员单位间有纽带；四是有紧密程度不同的、多层次的组织结构；五是有主要的经营业务：教学或培训[④]。”综上所述，对职业教育集团特征的研究还显薄弱，且上述研究对特征的描述也较模糊，研究者虽然较多，但是却没有达成共识。可见，我国职业教育集团化办学的含义不仅要从理论上给出界定，更需要与实践相结合来进行更进一步的考察和探讨，以提高我国职业教育集团的概念的准确性和科学性。

除了学术界的研究者外，政府机构和企业也给职教集团性质上做出了界定，如《深圳第一职业教育集团章程》中写道：“集团是以深圳市一所中职学校为牵头单位，联合相关职业学校、社会培训机构、企事业单位、行业协会、研究机构等自愿组成的职业教育联合体与利益共同体。”再比如《上海旅游职业教育集团章程》集团的性质：上海旅游职业教育集团是由上海旅游高等专科学校（上海师范大学旅游学院）和上海市商贸旅游学校牵头，上海市旅游职业院校、旅游企业及行业协会以

① 马成荣．关于职教集团基本问题的思考［J］．教育发展研究，2005.10

② 董兆伟．侯维芝．基于公司治理框架下的高职教育集团化设想［J］．职教论坛，2007.7

③ 刘宝．安徽省职业教育集团发展的问题与对策研究［J］．职业技术教育，2010

④ 余秀琴．中国经济转型期职业教育集团化发展［D］．天津：天津大学，2009

及浙江舟山职业技术学校等在平等、自愿的原则下，以协议的方式形成的职业教育办学联合体，属于非独立法人组织，各个组成单位仍保持独立法人资格，在法律地位上是完全平等的。

综合来看，研究者在职教集团是以培养技能型人才为主旨，不以赢利为目的，且由不同职业院校、行业企业以及其他组织构成等方面的观点是基本一致的。但从形式上来说，他们对职业教育集团的界定则观点不一，如有产教联合体、教育管理机构、联合办学体、办学联合体这四种不同的说法。大部分职教集团是一个结盟型的机构，不具有法人资格，但也有一些职教集团，如宁波万里教育集团是具有法人资格的。

（二）关于职业教育集团的类型和模式的研究

董秀华（2005）则通过研究国外教育集团化办学的案例，介绍和归纳了国外教育集团化办学的产生与发展，将其分为派生式和加盟式这两种集团化办学模式，并概括和分析了教育集团的成功经营要素[①]；林苏（2006）通过参考欧盟合作机制来探索各个成员让渡主权的联合体，组建职业培训、学历教育与终身教育的联合体集团化办学模式[②]；匡瑛（2008）对国外七个国家和一个地区的职教集团化办学模式进行了比较分析和研究，归纳并总结了国外职业教育集团化办学模式，主要包括政府主导型、自愿联盟型、企业或行业主导型、院校主导型[③]。王笑梅、孔凡成（2008）等则系统地阐述了国外职教集团化办学中的职业能力培养机制，职教集团化办学中社会、学校和企业实现资源共享的运行和保障机制以及国外职教集团办学加快转变学生角色的运行和保障机制[④]。

从现有的文献来看，关于教育集团的类型，不同的分类标准会导致不同的类型

① 董秀华. 国外教育集团发展与运行简析[J]. 开放教育研究，2005 .5

② 林苏. 借鉴欧盟合作机制促进高职教育集团化建设[J]. 江苏高教，2006.5

③ 匡英. 职业教育集团化办学模式的思考[J]. 外国教育研究，2008.6

④ 王笑梅，孔凡成，李美芳. 发达国家职业教育集团化的“职业能力”培养机制[J]. 现代企业教育，2008.5

区分。一般来讲，有以下五种：①根据组成对象的不同，可以分为校企联合、校校联合、多元重组这三种办学模式[①]；②根据组成的各单位成员间的松紧程度不同，可以分为松散型、紧密型、松散和紧密复合型这三种办学模式[②]；③根据组成的各单位成员间对目标定位和联合方式的不同，可以分为结构型、区域型、专业型和混合型这四种办学模式[③]；④根据组成的各单位成员间的联结方式不同，可以分为契约型、资产型、资产—契约复合型这三种办学模式；⑤根据主导不同，可以分为政府主导型、行业主导型、院校主导型和企业主导型。

当前比较有影响的职业教育集团化办学模式，是在教育部教育改革和发展战略与政策研究重大课题《职业教育集团化办学的理论研究与实践探索》的总报告中所提到的“校企合作、工学结合的天津模式，市县合作、三段培养的海南模式，城乡联合、以城带乡的河南模式[④]”。

从以上学者们对职业教育集团类型的划分，可以看出，他们主要是根据组成对象和集团内部隶属关系的不同进行分门别类，提出的集团类型是比较多的，但是，其分类多在事后总结性归纳，这样的分类实践意义也不大。目前对职业教育集团发展功能性分类，运行过程的成熟度分类研究几乎没有。

（三）关于职业教育集团组织结构和管理体制的研究

从掌握的文献来看，关于职业教育集团组织结构和管理体制的研究相对不多，但其基本观点相对较一致。

冯象钦（2003）等提出实行董事会领导下的管理委员会制，董事会为决策机构，管理委员会为执行机构。董兆伟等认为职业教育集团可理解为由若干具有独立法人

① 陈牛则. 我国职业教育集团化发展构想[J]. 职业技术教育(教科版)，2004.1.6

② 冯象钦，段志坚，马仲明等. 集团化办学是改革和发展职业教育的重要途径[J]. 中国职业技术教育，2003.9

③ 陈崇. 论职业教育的集团化发展[J]. 河北师范大学学报(教育科学版)，2006 .11

④ 黄尧. 职业教育集团化办学的理论研究与实践探索[M]. 北京:高等教育出版社，2009.2

资格的实体组成的联合体，集团具有横向多元化、纵向多层次的组织机构[①]。

马成荣（2005）认为除了建立职业教育集团董事会、理事会，形成整个集团的领导和决策机构，还要建立保证集团质量标准统一实施的执行机构，并且还认为组织结构再造的目标为：一是管理层级的扁平化；二是内部组织的团队化，通过建立职业教育集团理事会、专业指导委员会等，建立跨职能部门、跨专业的团队，将上层和基层之间的各个职能部门进行分解和弱化，使决策权分散到各个工作小组，产生积极的协同作用；三是组织关系的网络化，即各成员单位内部组织关系的网络化和成员之间关系的网络化，以提高集团的运作效率；四是组织结构的柔性化，也就是职业教育集团对各成员单位组织的改造不直接指挥，而是要根据组织创新的需要进行[②]。

米靖（2008）则认为，当前我国职业教育集团化办学已经促使学校与企业、工作与学习、中职与高职、城市与乡村以及区域之间的关系发生了重要变化和重构。这是在职业教育集团问题研究上观点较为鲜明的一篇论文，事实上，成立职业教育集团的目的，在很大程度上也是为了理顺这几个主要的利益方之间的关系[③]。

可见，已有的研究多是套用公司集团组织结构，并未明显区分职教集团与公司集团的组织结构与组织类型，有些甚至将职教集团的组织结构简单与董事会制度划等号。虽然学者们对于职教集团的组织结构存有偏差，但也从另一个侧面反映了教育研究者对实践中的教育集团组织管理问题还存在许多疑问。

（四）关于职业教育集团化办学中存在的问题和应对策略的研究

我国职业教育集团化办学近来发展迅速，在此过程中出现了诸多有待调整和解决的问题，众多研究者对此方面也进行了大量的关注。杨柳（2007）提出“政府的经济、政策及法规措施等方面的支持力度不够，其宏观管理作用的发挥还不明显；

① 冯象钦，段志坚. 关于职业教育集团化办学[J]. 职业技术教育，2003.10

② 马成荣. 关于职教集团基本问题的思考[J]. 教育发展研究，2005.10

③ 米靖. 职业教育集团化办学的若干关系问题[J]. 教育发展研究，2008.3

集团内部学校和企业间的合作层次偏低；职教集团缺乏品牌建设[①]。"赵丽萍提出"集团运作中成员关系过于松散，集团内部的利益关系不明确等问题[②]。"

一些研究者在结合我国职业教育发展现状的基础上，从全面而宏观的角度提出了一些应对策略。如黄尧在其著作《职业教育集团化办学的理论研究与实践探索》中提出"需制定其相关政策法规，完善其办学体制，激活其办学机制，创新其办学模式，提供其保障条件"[③]等；胡英芹（2011）则提出了促进职业教育集团化办学的解决措施，"制定相关法律、法规，实施减免税收、贷款担保、提供奖励或资助、建立准入登记、评价和淘汰制度等具体操作办法和措施[④]。"此外，还有学者提出政府及相关管理部门对职业教育集团的发展应从政策上给予支持、从资金上给予扶持、从项目上给予倾斜、从舆论上给予照顾等建议，这在一定程度上代表了职业教育集团化办学实践者的呼声和要求。

综合来看，学术界对职业教育集团化办学的对策的研究较多，也较杂，学者从各自不同的角度提出了自己的观点，有些措施较具体而可行，具有一定的可操作性，对职业教育集团化办学有着一定的理论指导作用及借鉴意义，同时对今后的相关理论研究也具有一定参考价值。但有些研究则较空泛，理论缺乏实践的支撑，实际可操作性不强。随着职教集团化办学实践的不断深入和发展变化，针对职教集团化办学的对策的研究也应不断地跟进和创新。

（五）关于职教集团的经验总结与反思

随着职业教育集团在全国范围内如雨后春笋般蓬勃发展，一些学者对办学实践经验进行了理论总结和反思。以"职教集团"和"教育集团化"为主题分别在 CNKI "中国学术期刊网络出版总库"上搜索，在题名中出现省份的论文共计 324 篇，最

① 杨柳. 职业教育集团化办学的初步研究[D]. 湖南：湖南农业大学，2007: 41 ~ 42.

② 赵丽萍. 职业教育集团化办学研究[D]. 福建：福建师范大学，2007: 31.

③ 黄尧. 职业教育集团化办学的理论研究与实践探索[M]. 北京:高等教育出版社，2009.2

④ 胡英芹. 论我国职业教育集团化办学的政策与制度保障[J]. 继续教育研究，2011，(6) : 39.

多的是介绍江苏省职教集团办学经验的文章，共计 44 篇。具体文献数量见表 1.5：

表 1.5　　各省经验介绍文献统计

序号	省份	文献数量	序号	省份	文献数量	序号	省份	文献数量
1	江苏	44	12	黑龙江	12	23	杭州	4
2	湖南	26	13	山东	10	24	吉林	4
3	广东	20	14	四川	10	25	沈阳	4
4	云南	18	15	广西	9	26	重庆	4
5	河北	17	16	福建	8	27	北京	3
6	陕西	16	17	海南	7	28	山西	3
7	安徽	15	18	江西	7	29	长春	2
8	浙江	15	19	贵州	6	30	天津	2
9	河南	14	20	上海	6	31	新疆	2
10	辽宁	13	21	甘肃	5	32	宁夏	1
11	湖北	13	22	成都	4			

数据来源：CNKI“中国学术期刊网络出版总库”

学者们总结了职业教育集团在探索同类专业学校走联合办学道路，与企业建立更加紧密联系的实践中积累的经验，认为高等职业教育集团化办学以高职院校为办学主体，除实现中、高职的纵向衔接和吸收若干企业、行业实现横向联合外，还必须有咨询服务机构的参加，应设立高等职业教育集团化办学董事会，在政府宏观调控下，设想以紧密性与松散性相结合的模式构建高等职业教育集团化办学的运行机制。河南省按照 “市场运作、龙头带动、城乡联姻、校企结合”的理念组建职业教育集团，密切了城乡、校际、校企之间的合作，促进了资源共享、优势互补，实现了学校之间、校企之间的双赢，提升了职教的综合实力，创造了职教集团的“河南模式”、海南省“品牌辐射型”旅游教育集团化模式和“借鸡生蛋型”工业教育集团化模式、青岛西海岸职业教育集团的“双主体”模式等。但相对而言，介绍企业主导型职教集团办学经验的文章较少。

（六）对其他相关问题的研究

除了以上几个集中研讨的问题外，研究者还从以下方面进行了研究：

第一，对职业集团利益相关者的研究；第二，对职教集团的人才培养方案的研究；第三，对职教集团中的中、高职课程衔接问题的研究；第四，职业教育集团化办学绩效评价体系研究等。

综上所述，研究者从不同的研究主题对职业教育集团化办学进行了关注，这些研究是对现有的职业教育集团化办学的总结分析和理论探讨，它对后续的相关研究有一定的参考价值，也将对今后我国职业教育集团化办学实践起到指导作用并具有一定的借鉴意义。但是，现有文献仍有不足，如较少结合具体案例进行深入研究，观点重复、相互借鉴较多，理论创新不够。同时，现有研究还存在一些薄弱主题：如缺乏对职业教育集团化办学的办学体制和运行机制的考查、缺乏对政府政策制度和法规体系建设的探讨、缺乏对农村职业教育集团化办学的研究及缺乏对国外职业教育集团化办学模式及经验的分析，等等，今后应提高对这些薄弱环节的关注程度并加大对其研究力度。

目前，我国职业教育集团化办学可以说还处于发展的初级阶段，这一办学模式将如何发展，将会向哪些方向发展，发展最终的结果是一种统一、整合的态势还是一种多元、分散的态势，是许多实践者关注的问题，对于职业教育集团化办学中诸多问题还有待于进一步的研究，如管理体制、运行机制等。

第三节 研究方法

研究方法是课题研究的重要内容，往往决定了研究工作是否能顺利进行以及研究工作的结果，因此，本研究同样将研究方法的选择放在极为重要的地位，并针对本书的研究主题，对研究方法进行了非常认真的筛选，并充分注重研究方法与研究内容的切合性，提高研究方法的应用水平。尽管所有科学研究都遵循共同的原则，但这些原则运用于每一科学领域时会形成自身特点，教育研究当然也不例外。一般而言，教育研究需要采用跨学科的视角，必须考虑研究与实践的关系，要符合道德要求等。因此，从总体上来说，本研究力求从多学科视角，如经济学、政治学、教育学、组织学等对职业教育集团化办学这一教育现象进行多方面的阐释。

在上述两个主要的理论视角的基础上，结合本书的主要研究内容，我们基本确定了以下几个具体研究方法，这些研究方法结合具体的研究内容，在不同的研究阶段有不同的结合方式，并通过相应的研究，形成最终的研究成果。

一、资料收集法

在本书的写作过程中，主要采用了文献研究法这一重要的基础性工作方法。

文献研究法指的是根据论文写作的需要，通过已有的书面文献资料和电子文献资料的收集来开展研究的方法。本书中文献研究法主要是两个方面：一是各方面的学者在职业教育集团化以及相关主题研究方面的研究成果，包括论文、著作、研究报告等，为比较研究也选取了相关的外文资料。充分利用 CNKI、维普等网络资源阅读文献，广泛查找图书资料、报刊等信息资源，在已有的研究成果上进行总结和分析；利用搜集的大量数据资料，进行深入分析并得出有用的结论，这些文献均在书中进行了注释说明。二是各类政策制度，由于涉及的是职业教育集团化办学这一与国家职业教育政策紧密相关的办学模式研究，相关的政策文本的收集和整理非常关键。

二、分析法

基于本书的研究目的，通过对不同来源、类型材料的把握，笔者采取了不同的分析方法，主要包括三种：理论分析法，比较分析法，个案研究法。理论分析法主要是通过对其他学科，即社会学和经济学两个学科视角的分析工具的借用，分析职业教育集团在组织上的特点，以及其在中国当下的政治、经济及法律环境中的限制，借用其他学科的理论工具分析教育学领域的问题，对这一问题的分析独具深度和广度，对提高这一问题的认识水平将有较大的帮助。

比较分析法主要是通过对多个国家的职业教育集团化办学实践的全面浏览与总结，提炼其在办学方面形成的经验，为我国的职业教育集团办学提供启示和帮助。比较研究法是教育研究中较为常见的研究方法。个案研究法主要是针对职业教育集团化办学的个案进行深入研究。在本书中主要选取了不同形式的职教集团典型案例研究分析。职业教育集团的案例研究支撑本书的理论研究，并部分验证了职业教育集团化办学的有关理论推断。在个案的研究过程中，通过对案例的具体文献的把握，如相关成立文件、支撑材料、年度总结材料、汇报材料、调查访谈等的梳理与总结，形成个案研究的总体框架和具体内容。

第二章 职业教育集团化办学的理论基础

第一节 职业教育集团化办学的概念及特征

概念是研究的逻辑起点与基础，缺乏对概念的认识和准确界定，就无法形成理论的建构与研究结论的形成。本研究主要涉及几个核心概念，这几个核心概念需要进一步形成一致的认识。

一、职业教育

职业教育（vocational education）是指按照社会上各种职业的需要，对劳动者或预备劳动者开发智力，培养职业兴趣，培养拥有从事特定职业所需要的基础知识、实用知识和技能技巧人才的教育。在我国，有时也称为职业技术教育。这种教育的主要目的是提高劳动者的文化、技术、业务水平，以适应各种职业所需要的熟练劳动力和专门人才。

职业学校教育是学历性的教育，分为初等、中等和高等职业学校教育，其中，职业高中、技工学校、中专等学校教育属于中等职业学校教育，学生毕业经考核合格所颁发的是相应层次的学历文凭。职业培训是技能型的教育，包括从业前培训、转业培训、学徒培训、在岗培训、转岗培训及其他职业性培训，一般分为初级、中级、高级职业培训。侧重实用性的职业知识、技能、能力的培训和训练，学员毕业考核鉴定合格颁发的是职业培训证书、资格证书等。

职业教育是社会发展的产物，是人类文明发展的产物，也可以说是人自身发展的产物，而且是发展到某个特殊时期的产物。职业教育受益于社会，社会也可受益于职业教育，促进社会发展是职业教育的应有之义和神圣职责。

“职业教育”一词在国际上名称经常有变动，如：职业教育（Vocational Education，简称 VE）、职业教育与培训（Vocational Education and Training，简称 VET）、职业技术教育（Vocational and Technical Education，简称 VTE）、技术与职业教育及培训（Technical and vocational Education and training，简称 TVET）等。目前，技术与职业教育（TVET）这一概念在全世界范围内的认可度较高，其涵盖了职业教育、技术教育、继续教育与职业培训等几个方面，是一个涵盖范围极广的概念，相当于我国《职业教育法》中规定的广义“职业教育”，即现代意义上通常所说的“大职业教育”概念。

在中国职业教育发展史上，职业教育的称谓经历了从百工教育、实业教育、职业教育、技术教育和职业技术教育到职业教育的演变。1994 年以后，我国将这一类型的教育改称为“职业教育”，现在已成法定名称[①]。

2005 年 11 月，国务院总理温家宝在全国职业教育工作会议上指出：“职业教育是个统称，它既包括技术教育也包括技术培训，既包括职业教育也包括职业培训，既包括中等职业教育也包括高等职业教育。发展职业教育是我国教育事业发展规律的内在要求[②]。”

从中国职业教育历史发展和国外职业教育含义的发展来看，职业教育可以从广义和狭义两个层面来理解：广义而言，职业教育泛指一切能增进人们的职业知识和技能，培养人们的职业态度，使人们能顺利从事某种职业的教育活动；狭义而言，即在普通教育的基础上，通过职业学校和职业培训机构，对劳动者进行的从事非专门性的职业知识、技能和态度的培训，以使他们现在或将来能顺利获得职业的活动。

① 刘春生等. 职业教育学[M]. 北京：教育科学出版社，2003

② 大力发展中国特色的职业教育——温家宝总理在全国职业教育工作会议上的讲话[Z]. 2005.11.7（http://www.gov.cn/ldhd/2005-11/13/content_96814.htm）

其特征有以下四点[①]：

第一，职业的非专门性。职业教育中的职业，是指非专门职业、一般职业(Vocation)，而不是专门职业(Profession)。明确这一点非常重要，否则容易使职业教育内涵模糊不清，混淆职业教育与其他类型教育的界限，从而消除职业教育的本质属性，将职业教育发展引向歧途。目前，由于人们对职业类型缺乏清楚的认识，认为所有类型教育的受教育者最终都要就业，因此，从这种意义上说，所有类型的教育都可称之为职业教育。这种观点为职业教育培训机构的盲目提供了借口，同时也混淆了职业教育(尤其是高等职业教育)与高等教育的区别。

第二，导向的就业性。职业教育以获得某种职业为主要目的。职业是获得性的，而不是继承性的，获得职业是职业教育的主要目的。古今中外的职业教育，无不以学生获得职业为自己的主要目的。黄炎培曾说，职业教育“使无业者有业，有业者乐业”。美国的社区学院校门口都写着：“就业教育是我们的宗旨。”我国“十五”教育振兴计划指出：职业教育要以就业为导向。

第三，内涵的相对性和外延的包容性。职业教育是教育体系中的一个组成部分，其概念的内涵是相对其他教育，如基础教育、高等教育而言的。与职业教育相比较，基础教育是使受教育者掌握具有永恒一般价值的知识、观念、工具和方法，促使受教育者身心全面和谐发展的基础性教育。在普通教育中的职业教育为非定向的，称为“劳动技术教育”，主要是培养受教育者的职业意识和劳动态度。职业教育的外延又与其他教育范畴有重合，如高等教育、成人教育，存在一定的包容性。

第四，过程的终身性。在变革时代，职业是不断变化的。职业教育不应该培养青年人和成人从事一种特定的、终身不变的职业，而应该培养他们对职业的态度和转岗再就业的能力。因而，职业教育是一种终身教育。在这一点上，职业教育与成人教育互相包容。

① 王川. 论职业教育的内涵与本质属性[J]. 职教论坛，2005（16）

二、职教集团（职业教育集团）

职教集团（又称“职业教育集团”，两者同义，则是将“职业教育”缩写成“职教”，以下略），英译 “vocation & education group”。它是近年来我国中央和地方政府大力倡导的一种职业教育集团化办学的组织形式。对这一概念的界定，目前在学术文献中有多种解释，教育部也为此概念给出了如下定义：职业教育集团是职业院校、行业企业等组织为实现资源共享、优势互补、合作发展而组织的教育团体，是近年来我国加快职业教育办学机制改革、促进优质资源开放共享的重要模式。推进职业教育集团化办学，有利于整合多方力量，推动现代职业教育体系建设；有利于建立健全政府主导、行业指导、企业参与的职业教育办学机制；有利于深化职业教育校企合作，系统培养技能型、高端技能型、应用型人才，提高人才培养质量。职业教育集团的组成主体包括政府机构、行业组织、企（事）业单位、职业院校、研究机构和社会组织等六类。通过组建职业教育集团，不同主体可以充分发挥支持和参与职业教育发展的重要作用。按照组建形式的区别，职业教育集团可分为围绕区域发展规划和产业结构特点，面向地区支柱产业、特色产业的区域型职业教育集团；围绕行业人才需求，由行业组织牵头组建的行业型职业教育集团；跨区域或跨行业的复合型职业教育集团；以招生就业、劳动力转移培训等为合作内容的特色型职业教育集团和涉外型职业教育集团等①。

本研究比较认可的是指“按照产业规律，将企业集团化经营模式引入职业教育，并在内涵上作进一步的拓展，旨在依托行业、联合企业，加强院校与院校、院校与行业、院校与企业之间的联系，整合教育资源，实现资源共享，推进职业教育做大、做强、做优的联合体”。这种“联合体”即本书所指的“组织”，也是本研究所界定的研究对象。

① 中华人民共和国教育部，2012.9.3（http://www.moe.gov.cn/publicfiles/business/htmlfiles/moe/s6811/201209/141506.html）

三、职业教育集团化办学

通常我们所指的职业教育集团化办学是一种办学模式，即以职业教育集团为目的的行为。广义的职业教育集团化办学有时也可以指职业院校与相关组织的联合办学行为，职业教育集团并不一定是必然结果，也就是说，即便未成立“职教集团”，依然有可能选择集团化的办学模式进行办学。其实，职业教育集团化办学和职业教育集团在英文中是一致的，只是“group”和“vocation & education”两个词组先后顺序不同。“职教集团”偏重于描述一种组织形式，而“职业教育集团化办学”偏重于一种办学行为。无论是组织形式，还是 “行为”，它们的出现，对我国传统职教管理体制和运行机制是一次挑战。虽然目前在学术文献中，使用“职教集团化办学”这一概念的频率比“职教集团”更高，但对这个概念的界定却很少。而且，研究中发现在同一篇文献中将“职教集团”和“职教集团化办学”这两个概念互相混淆或交叉使用的现象比比皆是。

一般而言，我们把模式理解为样式或范式，是使系统中各要素最优化配置的设计思路和框架。根据这个定义，我们能否把办学模式看成是在教育实践活动中形成的对教育活动具有规范化意义的，能使教育活动中各要素的配置呈现最优化的一种结构体系或程式。在实际中，办学模式包括广义和狭义两个方面。广义上，可以把办学模式理解为，一个国家或地区为适应经济和社会发展的水平而建立起来的组织体系、领导体系、管理格局、教育结构形式等。狭义上，办学模式是指一所学校为适应当地的经济发展水平和人才需要而建立的一种人才培养的格式规范。我们这里讲的办学模式主要是狭义的。

办学模式的形成和来源主要有两种方式：一是对学校经验的模式化总结，二是在理论的指导下设计实验某种模式，然后进行总结。办学模式具有明显的时代特点。随着现代教育观念的更新、教育改革的深化，办学模式也必将做出新的改造和构建，不断向多样化方向发展。

在此基础上，我们可以这样来界定职业教育集团化办学模式：它是职业教育发展到一定阶段出于资源利用与效率提升的需求而产生的，它以推动职业教育校企合作和职业教育办学质量效益提升为目的，通过反复实践和磨合而形成的职业院校之间、职业院校与企业之间、职业院校与行业之间、职业院校与政府部门之间以及与其他机构或部门之间形成的以合作为基础的办学方式。各方在共同的目的下，以职业院校的办学行为为主要内容，围绕人才培养的共同目的，在资源、人才等方面实现共享与互助。

第二节　职业教育集团化办学的理论基础

一、经济学基础

"集团"的概念来源于经济学，是指为了一定的目的组织起来共同行动的团体。指多个公司业务、流通、生产等方面联系紧密，从而集聚在一起形成的公司（或者企业）联盟。

此概念包括两个方面——"企业集团"和"集团公司"。"企业集团"是一种以大企业为核心，以经济技术或经营联系为基础、实行集权与分权相结合的领导体制，规模巨大、多角化经营的企业联合组织或企业群体组织。按照总部经营方针和统一管理的进行重大业务活动的经济实体，或者虽无产权控制与被控制关系，但在经济上有一定联系的企业群体。"集团公司"是为了一定的目的组织起来共同行动的团体公司。职教集团中"集团"的概念来源于"企业集团"，但不等同于"企业集团"。

职教集团是基于技术、技能型人才培养纽带而组建的多法人组织集合体，它通常以校际合作或校企合作为主要载体，以集团章程为共同行为规范，以技术、技能型人才合作培养为中心工作而开展相关的集团化活动，以有利于提高特定环境中职

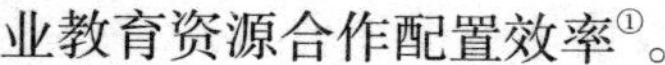
业教育资源合作配置效率[①]。

（一）外部竞争力

外部竞争力指的是职教集团作为一个经济整体，在区域经济中具有的独特优势。

马克西—西尔伯斯通曲线表明，在一定的生产限度内，随着生产批量的扩大，单位成本有下降的趋势。这就是规模经济(Economics of Scale)理论。“规模经济”理论在生活中应用很广，促成了大批企业集团的兴起，通过生产规模的扩大，在产品质量不受影响的前提下降低生产成本，从而使企业赢得市场竞争优势，获取高额利润。企业规模经济是指由于企业生产经营规模扩大所带来的经济上的有用性，这种规模扩大表现为联合在一个企业中的生产同类产品的若干工厂，或者处于生产工艺过程中不同阶段的若干工厂在数量上的增加或生产能力的扩大[②]。企业规模经济的形成主要有两方面的原因：一是技术的不可分性。它决定了生产某一产品的经济活动具有整体性特点。在一个完整的经济活动过程中，某些生产成本也是完全不可分的，或者是部分的不可分的。随着规模的扩大，这些成本作为一个整体就可分摊到更大的产出量上，使单位成本降低，提高经济效率[③]。二是生产的专业化。当企业规模足够大时，人们可以采用专门化的设备与工具来提高效率，更好地在工人中实行分工，从而有利于改善劳动训练程度和积累经验。

我国职业学校普遍存在规模过小、生师比过低的问题，迫切要求走规模办学道路。当前职业教育发展的最佳途径是通过学校之间或校企之间自愿互助的联合，利用各自资源要素存量的优化组合来获取规模效益，实现共同发展的目标。首先，规模的扩大会产生品牌效应，在商业社会中，品牌具有巨大的价值。若干个学校、企事业成员单位以同一品牌作标识（品牌连锁），可以迅速扩大各单位的知名度和影

① 于秀琴. 中国经济转型期职业教育集团化发展[D]. 天津：天津大学，2009

② 李晓娣，李柏洲，企业集团产生和发展的经济学分析[J]. 现代管理科学，2004.8

③ 毛蕴诗，李新家，彭清华. 企业集团扩展动因、模式与案例[M]. 广州：广东人民出版社，2000.125～130.

响力；新办的单位利用已有组织机构统一的品牌，能够较快地吸引社会的关注，提升学校名气。职业集团对员工的定期培训，促使员工教学理念统一，教学技巧得以提高，形成具有较强凝聚力的文化氛围。此外，对集团下属各单位实施统一的考核激励办法，建立同样的运作机制，执行同等标准的管理，使集团逐渐形成一个坚强的统一整体。其次，职业院校专业化人才的就业可以提高当地的人才利用率。某些地方政府对发展职业教育缺乏积极性，一方面的原因就是人才外流现象严重，培养的人才大部分都选择在经济发达的南方就业，而职业集团的建立可以大大改善这种状况。学生一旦进入职业学校，就开始了职业集团运作的第一步，而他的就业是在集团内部完成的，教育的投入与产出在同一条流水线上，确保了效益的最大化。

职教集团的建立，打破了传统的职业学校教育的概念，冲破原有区域、领域和体制等方面的限制，优化组合成一种没有围墙的、超越时空约束的职教组织形态，克服了单个院校或企业在追求规模效益和范围扩张过程中的结构刚性。一旦职教集团以合理有序的方式组建起来并良好地运作，会对区域经济的发展起到巨大的促进作用。这是其作为整体来说对外部竞争力的表现。

（二）内部竞争力

职教集团的内部竞争力是指经过集团化整合，各个主体（学校、企业、地方政府）实现的资源的虚拟重组和优势互补。

1. 降低交易成本

新制度经济学的交易成本（Transaction Cost）理论认为人们的合作是通过交易来实现的，每一个个体、团体、企业或学校都在不间断地与他人发生着合作的关系，为了完成合作(交易)，人们必须支付相应的成本费用，如发现交易对象、寻找交易伙伴的成本，了解交易价格的成本，讨价还价的成本，订立交易契约的成本，履行契约成本，监督契约执行和制裁违法行为的成本等。这可以被理解为一种组织成本(组织之间的交易所引起的成本)。后来，交易成本的概念进一步扩大，涵盖了一系列制度成本，包括信息成本、谈判成本、拟订和实施契约的成本、界定和控制产权的成本、监督管理的成本和制度结构变化的成本。简言之，包括了一切不直接发生在物质生产过程中的成本[①]。

交易成本也可运用到职教领域中来。职业教育中的交易费用主要包括以下几个方面：职业教育资源的配置成本；职业教育中的人员组织、监督与管理成本；职业教育的信息成本；职业教育活动之间、职教组织之间以及职教组织和其他组织之间的社会协调成本；职业教育制度的运行与维护成本。

组建职教集团，能够更好地达到降低交易成本的目的，这表现在以下几个方面:

（1）招生时由集团统一宣传、发布广告及组织人员到各地进行招生工作，避免一个地方重复派人招生，减少不必要的费用。职业院校为了降低入学后的学生流失率，往往安排预录学生对学校的办学规模和教学条件进行实地考察，如果一次性对各成员学校进行考察，由集团统一招待，则可节约招生费用。

（2）通过职教集团统一招聘教职员工，并使他们在各成员学校之间进行流动，能够节约各职业院校单独聘用员工所必须花费的搜寻费用、谈判费用、签约费用。

（3）降低用人单位对毕业生考核费用，考核就是指信息的数量测定，信息的收集需要耗费资源[②]。在用人单位和毕业生达成工作协议的过程中，职教集团可安排用人单位对集团进行一次整体性的考核并统一安排学生应聘，无须用人单位为了招聘、谈判等事项而往返于各学校之间。

（4）集团可以统一协调与政府的关系，或疏通与上级主管部门的关系，尽量达到与行政部门进行一次接触，解决多个成员学校的共同问题。

优化资源配置的过程是“输入→过程→输出”的过程，因此，各成员单位在充分了解彼此的情况后，在自愿平等的基础上科学地结合在一起是非常重要的。

① 闻待. 教育集团的理论与实践初探[D]. 广西：广西师范大学，2003

② 朱军文. 新制独立学院运行效率:立足交易费用的考察[J]. 华东理工大学学报(社会科学版)，2005.2

2．产生范围经济

范围经济（Economies of Scope）是指单个企业联合生产两种产品或两种以上的产品时，其成本要比将它们分别放在不同的企业生产要节省[①]。一般来说，范围经济主要来源于生产多种产品时“共用物品”的充分利用，一旦这种共用物品为生产一种产品而投入，无须增加太多的费用，或无须付出代价就可以部分或全部用于其他产品时就会产生范围经济。

在职教集团内开展不同层次的教育，办不同类型的学校与企业，可以说也是进行多种产品的生产。通过集团化运作，各学校、企业组织能够分享许多“共用物品”，以减少经费的投入：一是学校的师资、教学设备、校舍、实验室、图书资料、企业的实际操作场地等硬件资源。当若干个单位组织共用这些资源时，就会使集团内的每个单位分摊到的成本大大降低。二是办学理念、管理模式、实验成果、知识产品、教育信息等软件资源。采用相同的办学理念和管理模式，有利于统一思想，达成共识，以便于管理。而且，先进的办学理念和管理模式容易辐射到薄弱学校，使职业教育整体水平得到提高；实验成果和知识产品依附于人的特殊性质，使它们在交易中只发生使用权的让渡，不发生所有权的让渡，导致它们的市场存在较高的交易成本，而在集团内实现共享，使其内部化后，可以减少各单位重新试验与研究的成本[②]；教育信息的共享，则可以减少各单位搜索和获取信息的费用。

二、社会学基础

我国现有对职教集团本质的理论研究还主要局限于经济学领域，无论是规模经济理论、范围经济理论、速度经济理论、网络经济理论，还是系统优化理论和有序理论，追求的都是职教集团的经济利益诉求而忽视了职教集团最重要的社会利益诉求，且并没有揭示出职教集团的本质。

① Panzar J.C. and Willing R. D. Economies of Scope[J]. American Economic Review，1981.5（7），268 ~ 272.

② 刘灿，宋光辉. 高校扩招过程中的规模经济和范围经济[J]. 经济理论与经济管理，2004.1

现有职教集团的概念主要是在借鉴了企业发展的集团化模式的某些内涵的情形下，结合企业集团的概念和职业教育自身特点形成的。但是，作为企业集团，其内部资源的共享与管理的联合是建立在追求共同利益的基础之上的，其目的是资产收益的最大化。这并不是职教集团所追求的主要目标，职教集团的组建追求的是资源利用率的最大化、社会效益的最大化，其经济效益的体现并不是集团收益的提升，而是集团所属行业中企业经济效益的实现。现有职教集团建设与运行中的问题也源于此，在并未分析总结出职教集团本质的情形下仅仅依据企业集团的模式发展职教集团，必然会导致设计与实践的偏离。因此，我们不应只用经济领域的企业集团来定义职教集团的构成与发展，面对职教集团的社会性与其所追求的社会效益，我们应从社会学角度出发，在兼顾社会效益和经济效益的基础上探求职教集团的社会学本质。

（一）从社会团结理论看职教集团发展的动因

职教集团作为一个行业组织，其发展是具有内在的动因的，而这种动因更多地来源于其社会关系发展路径，或说其社会团结形式中。社会团结指的是把个体结合在一起的社会纽带，人与人、群体之间协调一致的关系。作为与卡尔·马克思和马克斯·韦伯齐名的社会学三大奠基人之一，埃米尔·涂尔干早在1893年的论著《社会分工论》[①]中就区分了“机械团结”和“有机团结”两种形式的社会团结。机械团结的主要特征是：社会中人与人之间的差异甚小，集体成员具有类似的特质，情绪感受类似，价值观类似，信仰也类似；人与人之间保持相似性与相同性，是以集体湮没个性为代价的；相互依赖程度低，社会纽带松弛；以维系基本伦理道德的共同意识为基础[②]。而有机团结的主要特征是：社会上个人与群体之间存在显著差异，并且这种差异不断发展；社会分工变得错综复杂，社会的基本任务由人们共同来完成；以维系社会规范为基础的集体意识为基础；专门化分工发展的结果导致相互依赖性

① 埃米尔·涂尔干. 社会分工论[M]. 北京：生活·读书·新知三联书店，2000

② 汪玲萍. 从两对范畴看滕尼斯与涂尔干的学术旨趣[J]. 社会科学论坛，2006.12

的增长。按涂尔干的观点，分工越细，每个人对社会的依赖就越深，每个人的行动越是专业化，其个性也就越鲜明；社会部分的个体化越鲜明，社会整体的统一性也就越大。

涂尔干认为，有机团结的功能只有在法人团体即职业群体中才能够充分体现，并且在这样的职业群体中是能够产生行业规范并逐步衍生出行业道德和社会道德的，这种规范“遏止了个人利己主义的膨胀，培植了劳动者对团结互助的极大热情”“所有规范并不是以某些人的利益为前提，而是以整个法人团体的利益为前提”。因此，在政治社会里，“一部分人一旦发现他们具备了其他人所不具备的共同观念、利益、情感和职业，那么在这种相似性的影响下，他们不可避免地会去相互吸引、相互寻觅、相互交往、相互结合。这样，一个特定的群体就在整个社会中慢慢地形成了，并且具有了与众不同的特征”①。如果我们将涂尔干所说的职业群体中的个体看作行业中的企业、研究机构和职业学校，这种职业群体立刻就成为职教集团本身，这种职教集团的形成是基于共同观念、利益和情感的，是历史的、积累的。

由此我们可以看出，职教集团的结构应是这样一种联系：职教集团各成员并不是建立在契约或基本的共同意识的基础之上的机械团结。对于经济集团，其建立恰恰是以契约为基础，以资产整合和扩大资产总量增大经济收益为共同追求，即以经济收益为共同意识（因为在经济集团内部，经济收益就如社会的道德追求一样是各成员的根本追求，如果某一成员或子公司违反了集团整体的经济追求，就有可能引起严重的经济崩溃，这和社会中的道德崩溃的情形有如嫡出）的机械团结。这种团结不要求机体的分工分化，而是要求各成员的独立和功能的完整。而职教集团并不是以经济收益为共同意识的，教育也不能成为某种共同意识，所以职教集团应是建立在分工基础上，以强烈而持久的集体意识为基础的一种有机团结。这种集体意识就是教育功能、社会效益和集团本身的发展，可以脱离集团而单独存在，可以进行

① 埃米尔·涂尔干. 社会分工论[M]. 北京：生活·读书·新知三联书店，2000

设计并可能最终成为引导职教集团发展的一种力量。各成员犹如一个有机整体的各个器官，各自分化以自身特色为基础，功能在一定范围内逐渐分化和深化，对于有机整体而言，这种分化的结果并不是干扰了机体的发展，而是增强了各器官的相互依赖和联系，增强了各器官的功能和特色，最终促进了有机整体的自我发展。并且，在行业内和职教集团内，有机团结和这种分化的结果还会促进集体意识中的职业道德的形成，促进行业归属感，这才是职教集团的真正追求。

（二）从共同体概念看职教集团的实质

涂尔干的社会分工论为我们指出了职教集团发展的动因，但是职教集团从社会实践的意义上讲到底应该是哪一种组织呢？对此，另一位著名的社会学家滕尼斯在他的《共同体与社会》中也为我们指明了职教集团的应然实质。

滕尼斯以“共同体”和“社会”两个概念表明人类共同生活的两种基本形式。在“共同体”形式里，不管人们形式上怎样分隔，也总是相互联系的，母与子的关系便是一例。而在“社会”形式里，不管人们形式上怎样结合，也总是分离的，签订契约的双方便体现了这种特点。在前者那里，整体的统一是有机的；在后者那里，整体的统一则是机械的。

20世纪初，英国社会学家麦基弗在继承滕尼斯社会共同体概念的基础上，在他的《共同体：一种社会学的研究》一书中对共同体展开了新的系统研究。他强调，共同体由一群分享共同利益的成员组成，这些成员的社会生活具有同质性，具有强烈的“我们感”。为了实现广泛的公共利益，共同体需要一种组织作为载体，这种组织可以小到家庭，大到国家。由于麦基弗强调公共利益在共同体中的基础作用，因此，他认为，共同体可以被有意识地创造出来，但这必须是一种特殊类型的意识，即其目的是为了实现公共利益，或是一个团体所共有的一系列利益。在麦基弗这里，共同体已不再是基于本质意志自然而然的产物，它是可以建构的，与个人相对的、优先于个人的社会实体。

由此可以看出，无论是滕尼斯的共同体还是麦基弗的新共同体，其应用范围如果缩小为一个行业实体的话，那无疑就是职教集团的必然构成形式，职教集团无论在其本身与社会的关系还是内部各成员自身的关系来看都完全符合共同体的概念内涵。因此，职教集团应是这样一种实体：职教集团由同行业内能够分享共同利益的成员组成，包括职业院校、企业、行业协会和研究机构，它们基于对共同发展的愿望和情感来维系长期、全面的互动；其运行强调共同的利益追求，以整体为基本单位，相互之间形成了有机的团结，紧密联系，休戚与共；成员之间在意识上用共同的准则和规范，在功能上深度分化；成员内部在情感和实践上具有强烈的集体意识、行业道德及归属感，共同标准被强烈同化为心理认同。因此，职教集团就是为了实现广泛的公共利益而形成的一种载体，即我们所说的行业共同体。

三、生态学基础

“共生”(symbiosis)一词的概念源于生物学，指不同种属的生物一起生活。是指动植物互相利用对方的特性和自己的特性一同生活相依为命的现象。共生理论和方法在20世纪中叶以来开始应用于社会科学领域，主要是医学领域、农业领域和经济领域。医学领域最为突出的现象是不把药物治疗放在绝对的位置，而把精神、心理的调治作为一种共进的医疗手段。1998年，我国管理工程博士袁纯清运用共生理论研究小型经济，提出：共生不仅是一种生物现象，也是一种社会现象；共生不仅是一种自然现象，也是一种可塑状态；共生不仅是一种生物识别机制，也是一种社会科学方法。他通过创新和界定一系列重要概念，建构了共生理论作为一门社会科学所必须的概念工具体系、基本逻辑框架和基本分析方法，从而将作为生物学的共生学说创新为社会科学的共生理论，给人们提供一种对于自然、社会现象认识的新的境界、新的思维和新的方法。

把职教集团纳入共生系统的分析框架，构建起职教集团共生系统，能为人们认识职教集团带来一种全新的视角。职教集团是一个完整的系统，是作为独立的组织成员之间，因资源共享或互补所形成的共生体。这种共生体能够带来效率的改进，这种改进既使得组织成员利益增加，又推动职教集团整体利益增长。

职教集团是由多个成员组成的共生体，包括职业教育集团的组成主体，包括政府机构、行业组织、企（事）业单位、职业院校、研究机构和社会组织等六类主体。它们以利益共同点为联系纽带形成互惠互利的共生关系。职业教育集团为校企提供了很好的资源共享平台，使学校培养的人才能够满足企业的用人需要，以确保培养的人才达到供需平衡，从数量和质量上都能够满足企业用人需求。此外，信息、设备、资源的共享，能使学校教育与市场需求联系紧密，确保学校与企业在互利共赢的基础上，实现职业教育人才培养方案的科学发展。

共生主要有三个基本组成要素，分别是共生单元、共生环境和共生模式。共生单元是指构成共生体或共生关系的能量生产和交换的基本单位，它们是形成共生体的基本物质条件。环境与共生体之间的作用是相互的，环境对共生体的影响是通过物质、信息和能量的交流来实现的[①]。

职教集团资源共享是各成员实现互惠共赢的渠道，集团内各成员都作为一个共生单元而存在，通过资源共享的途径，在职教集团这个大的共生环境中，实现互惠共生。也就是说职教集团作为内部的共生环境而存在，各成员单位类比于共生单元，那么资源共享即为共生模式。职教集团的成长就是要充分发挥资源共享的模式，使集团的合作企业及职业院校形成以共享资源为纽带的紧密型合作组织[②]。

四、管理学基础

“利益相关者”这一词最早被提出可以追溯到 1984 年，弗里曼出版了《战略管理：利益相关者管理的分析方法》一书，书中明确提出了利益相关者管理理论。利益相关者管理理论是指企业的经营管理者为综合平衡各个利益相关者的利益要求而进行的管理活动。与传统的股东至上主义相比较，该理论认为任何一个公司的发展都离不开各利益相关者的投入或参与，企业追求的是利益相关者的整体利益，而不仅仅

① 袁纯清. 金融共生理论与城市商业银行改革[M]. 北京：商务印书馆，2002.9
② 罗燕. 辽宁省职教集团资源共享问题研究[D]. 沈阳：沈阳师范大学，2012

是某些主体的利益。

Penrose在1959年出版的《企业成长理论》中提出了“企业是人力资产和人际关系的集合”的观念，从而为利益相关者理论构建奠定了基石。直到1963年，斯坦福大学研究所才明确地提出了利益相关者的定义：“利益相关者是这样一些团体，没有其支持，组织就不可能生存。”这个定义在今天看来，是不全面的，它只考虑到利益相关者对企业单方面的影响，并且利益相关者的范围仅限于影响企业生存的一小部分。但是，它让人们认识到，除了股东以外，企业周围还存在其他一些影响其生存的群体。随后，瑞安曼（Eric Rhenman）提出了比较全面的定义：“利益相关者依靠企业来实现其个人目标，而企业也依靠他们来维持生存。”这一定义使得利益相关者理论成为一个独立的理论分支。

职教集团利益相关者是指影响职教集团目标实现，或者受职教集团目标实现影响的群体和个人。按照这一定义，职教集团利益相关者外延比较丰富，类型多样，选取的角度不同，划分的标准也不一样。

职教集团按照利益相关者共同治理的要求应遵循以下原则：

首先，集约化发展的原则。在职业教育快速发展的同时，职业教育在一定程度上似乎重复了国有企业改革的轨迹，存在着资源重复建设、发展形式粗放、运行效率低下等众多问题。职业教育走集团办学的路径，实现校企和校际之间的教育资源优化配置，是我国职业教育实现增长方式转变的有效途径。

其次，各方面积极参与，确保利益实现的原则。按照利益相关者共同治理的逻辑起点，其治理结构必须有利于调动各方参与的积极性，使各方在集团组织的运行中实现各自的利益，多方参与、共同治理、多方共赢是使职教集团做到可持续发展的条件。

再次，按照交易频率的大小进行分层治理的原则。在职教集团中，可将利益相关者分为有契约关系的利益相关者和没有契约关系的利益相关者。其中，有契约关系的利益相关者主要包括院校、企业、学生、政府。没有契约关系的利益相关者包括行业协会、债权人、社会机构和其他院校。可将前者认为是直接利益相关者，后者是间接利益相关者。这样，就可将利益相关者分为两个不同的层次。按照分层治理的原则，处在不同层次的利益相关者参与治理的动机、方式不同，这就决定了它们将以不同的路径通过集团治理获取利益。

最后，集中统一原则。按照利益相关者共同治理的要求，职教集团的管理模式和机构设置不能过于松散，应体现一定的集中度，按照组织的原理应当尽可能的扁平化。同时，决策机构的指令要有上传下达的通道并具备很强的执行力；执行机构应能够指挥集团内成员并协调、组织集团组织活动；集团组织应有控制、监督和评价机制，对不遵守集团章程和协议、不按照工作计划和指令完成工作任务的集团成员能够进行必要的制约。

第三章　职业教育集团化办学模式问题研究

什么是办学模式？目前在教育理论界还没有一个统一的界定。一般而言，我们把模式理解为样式或范式，是使系统中各要素最优化配置的设计思路和框架。根据这个定义，我们可把办学模式看成是在教育实践活动中形成的对教育活动具有规范化意义的，能使教育活动中各要素的配置呈现最优化的一种结构体系或程式。在实际中，办学模式包括广义和狭义两个方面。广义上，可以把办学模式理解为，一个国家或地区为适应经济和社会发展的水平而建立起来的组织体系、领导体系、管理格局、教育结构形式等。狭义上，办学模式是指一所学校为适应当地的经济发展水平和人才需要而建立的一种人才培养的格式规范。我们这里讲的办学模式主要是狭义的。

办学模式的形成和来源主要有两种方式：一是对学校经验的模式化总结，二是在理论的指导下设计实验某种模式，然后进行总结。随着现代教育观念的更新、教育改革的深化，办学模式也必将做出新的改造和构建，不断向多样化方向发展。

办学模式具有明显的时代特点。办学模式的特点可以从以下几方面来看：办学模式的结构是一个学校由各因素有规律构成的系统。学校本身是一个由若干子系统组成的大系统，那么，我们也可以把办学模式看成由多个子模式构成的模式群；办学模式是教育实践的产物，是对实践的理论性概括，具有明显的示范性的范式的特点，对教育实践有一定的指导意义。构建办学模式的过程，实际上就是学校根据本身的实际情况，在国家教育方针、政策指导下，为实现教育目标而创造性地设立合理、优化的学校教育结构、教育过程、教育方法的基本框架的过程。由于学校的具体实际情况不同，因此其表现出的办学模式也不同，办学模式具有明显的多样化特点，由此形成了各学校的办学特色。

第一节　国外职业教育办学模式及中国台湾的职业教育

一、美国的职业教育

美国的职业技术教育体系创建于 20 世纪初（1902 年），60 年代大体形成了全国范围的职业技术教育系统。但其中被公认最成功的是社区学院，它以为社区服务为宗旨，集大学教育、职业教育、成人教育于一体。

20 世纪 70 年代，由于失业者增多，开展全国性“生计教育”；80 年代，随着“第三次”产业革命的浪潮，里根总统上台后，提出“经济复兴计划”，要保持美国经济霸主地位；1982 年美国出台《职业训练合作法》。

美国现有社区学院 1200 所，每年有在校生 1000 多万人就读，社区学院提供三种服务：第一，升学教育；第二，职业（生计）教育；第三，社区服务。

美国国家合作教育委员会定义合作教育为：“合作教育是把课堂学习与生产中的工作经验学习结合起来的一种结构性教育策略。学生工作的领域是与其学业或职业目标相关的。合作教育通过把理论与实践结合起来提供渐进的经验。”美国的产学合作教育是一种由学校、用人单位、学生三方共同参与的适应现代社会需求的高等教育合作模式。美国在 20 世纪初开始实施的产学合作教育实际上是一种集团化的思路，其中最有特色的是在社区学院内进行的职业教育，使学生掌握一门或几门专业技能或专业知识，为学生未来的就业和生涯发展奠定基础，为社区工商业培养应用型人才，能满足职业岗位的需求。美国产学合作教育的目的是使学生将所学的知识更好地运用于实际，掌握未来就业所需要的社会知识和技能，缩短学习生活向职业生活的过渡，最终顺利地走向社会。它的主要特征是学校与企业的宽泛合作，是一种广泛的、模糊了边界的集团合作倾向，这种合作形式正被中国很多职业院校借鉴并逐步实施。

二、日本的职业教育

日本的职业教育在第二次世界大战前称“实业教育”，第二次世界大战后称“产业教育”；1950 年成立短期大学，1954 年，日经联进一步提出设立五年制的职业专门大学；1962 年成立高等专门学校；1975 年《专修学校法》颁布。

在日本实施高等职业教育的机构是比较多的。大学之外的高等教育机构包括教育制度领域的短期大学、高等专门学校和专修学校，以及劳动制度领域的职业能力开发大学和企业内高等教育成立的职业训练机构等。2006 年日本专修学校达到 3441 所，共招收应届高中毕业生 21.3 万人，在校生达 75 万人，其规模已经远远超过短期大学和高等专门学校。高职教育规模占高等教育总数的 40%左右。

在办学模式上，日本高等职业教育注重企业化和社会化办学，具有产学合作、产学官合作、面向企业和地方产业经济实际的特点。其专业设置日趋复合化、集群化，课程体系也倾向多元化、组合化、模块化。高等职业教育结构的优化对经济社会发展有着积极的影响。

三、德国的职业教育

德国开展职业培训的历史较长，早在 13 世纪就有“师傅带徒弟”的培训形式。

1968 年德国各州达成建立专科大学的协议，1969 年 8 月联邦政府通过了《职业教育法》；按照协议，从 1969 年到 1971 年，将原众多高校改建为专科大学，以满足科学、技术进步对职业人才提出的更高要求。

职业学院是德国典型的“双元制”模式的高等职业教育机构，是除大学、专科大学以外的又一种类型的高等学校。

“双元制”是德国产学合作模式的典型，双元制是源于德国的一种职业培训模式。所谓双元，是指要求参加培训的人员必须经过两个场所的培训，一是指职业学校，其主要职能是传授与职业有关的专业知识；二是企业或公共事业单位等校外实训场所，其主要职能是让学生在企业里接受职业技能方面的专业培训，以培养高水平的专业技术工人为目标的职业教育制度。德国全国工商协会负责各地区与企业相关的工作，制订企业的培训大纲，学校的教学大纲由教育部制订，保证双方制订出的培训教育大纲内容一致、相辅相成。工商协会从企业培训资格认定，到合同签订，从企业培训过程的监控，到最后考试和培训证书的发放，全程都参与其中，工商协会对企业中的职业教育进行监管。在“双元制”中，企业和高校联系密切，企业在根据市场需求选择适合自己的高校后，深入参与到具体的培训课程、教学计划的制订和实施、提出合作项目，双方合作进行研发和试制，并最终推向市场。德国的高等专科学校和大学之间衔接紧密，互相承认学分，从而构建了一个利益关系体，专科学院的优秀毕业生可以到大学攻读硕士，为大学解决了生源问题，同时也为高专学生提供了一条上升通道，通过合作来提高竞争能力，实现了互赢。通过相关三方的合作，实现了教育与实践、学校与社会的结合，提高了高等教育的效果。如图 3.1 所示：

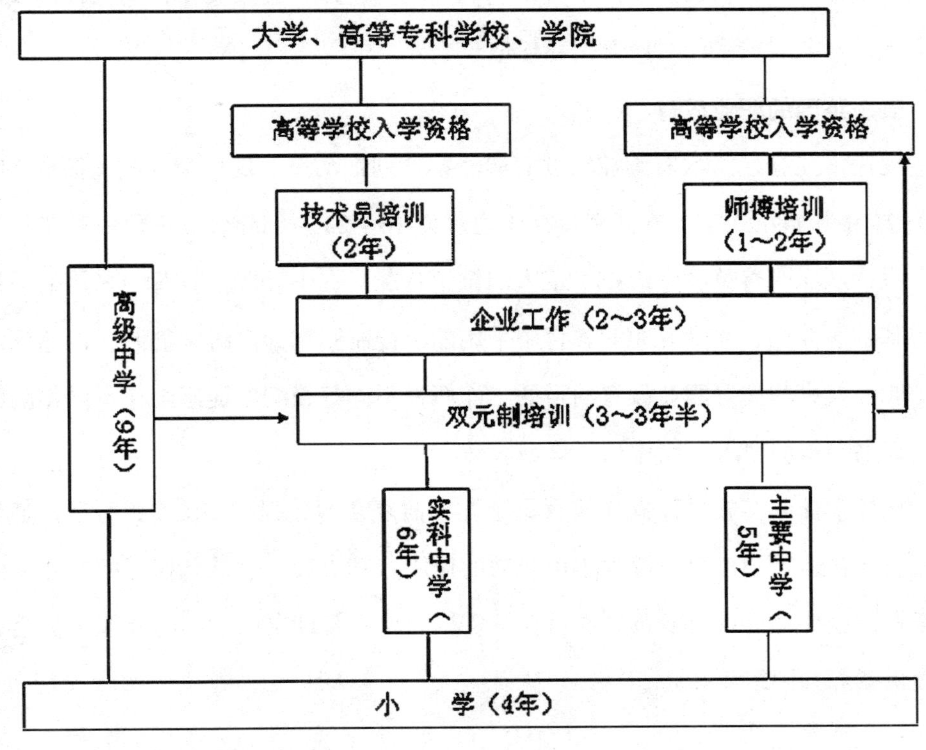

图 3.1　德国职业技术教育体系

四、荷兰的职业教育

1996年，荷兰政府对职业教育进行了重大改革，制定了新《成人教育与职业教育法》，这次改革的主要特点是下放权力，并对学校进行大规模的合并。此前，各个学校既不能相互兼容，也不与市场联系。改革后，学校进行重新整合，从过去的1000所减少到70所左右，学校更加主动满足劳动力市场的需求，与雇主和公司之间拥有了更多的联系，在地区中发挥着重要作用。自此，荷兰职业教育集团化办学逐渐发展并日益成熟。

从荷兰职业教育集团化办学的实践来看，主要有两种模式：第一种模式由行业和企业主导，其联盟关系实际上是部门和部门的合作，关系紧密；第二种模式由政府主导，其联盟关系相对而言比较松散。

五、英国的职业教育

现代学徒制，从政府调控角度看属法案计划推动型。现代学徒制（简称MA）于1994年开始正式实行，其宗旨在于通过为16~24岁的年轻人提供一种工作本位的学习，从而改善英国中级技术工人的供给状况。在中等职业教育中采用的学徒制称为基础学徒制，在高等职业教育中采用的学徒制则称为高级学徒制，以达到区分中等职业教育和高等职业教育的目的，而两种不同等级的学徒制则在不同年龄段、不同证书获得的要求方面作出了详细区分。

现代学徒制实施具体操作流程是个详细而复杂的过程，如图3.2所示，各相关管理主体在运行中各自发挥着不可或缺的作用。其决策、设计和执行的主体，由英国教育与技能部、各行业技能委员会、资格与课程管理局、学习与技能委员会、学习提供者等共同组成。

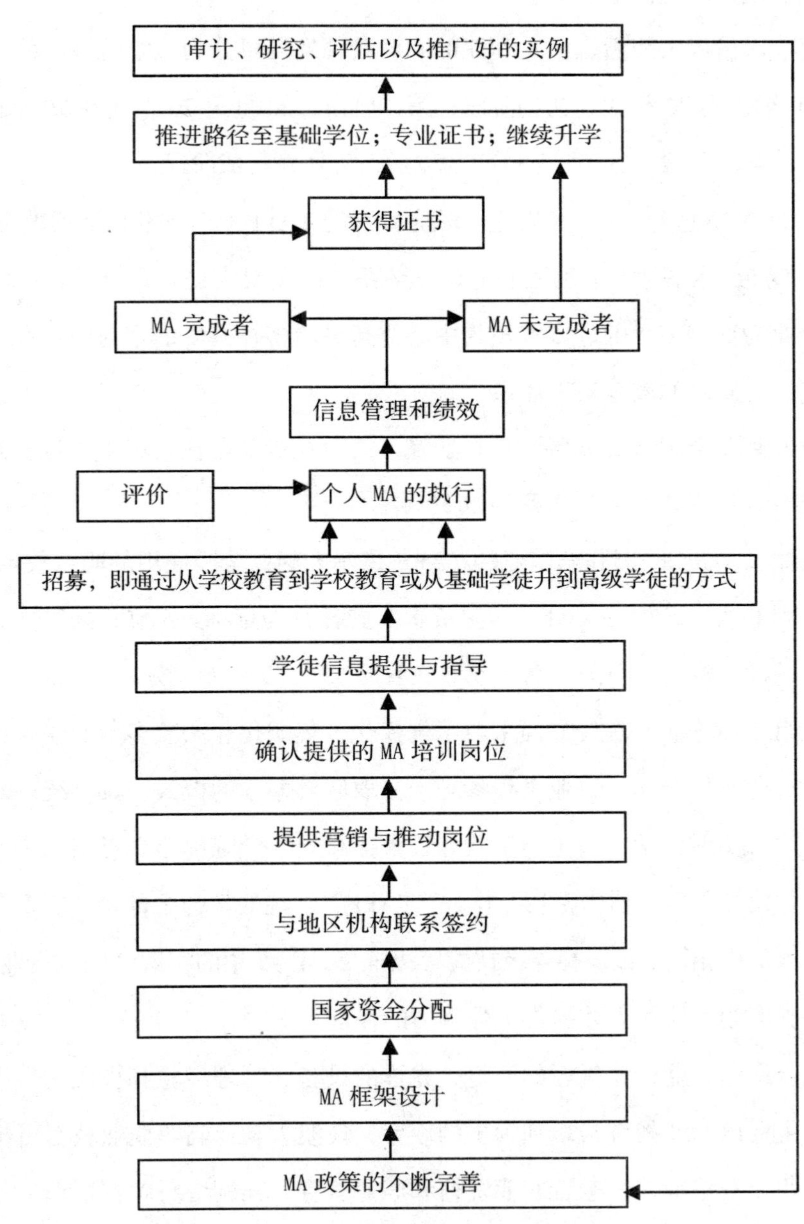

图 3.2 现代学徒制（MA）实施具体操作流程图

六、澳大利亚的职业教育

第二次世界大战后，澳大利亚的职业教育发展可分为三个阶段。第一阶段，20世纪50年代到70年代为初创阶段；第二阶段，20世纪70年代到90年代为调整改革阶段；第三阶段，20世纪90年代以后，为体系形成阶段。

特别是20世纪70年代创建了职业教育的TAFF（“技术与继续教育”的简称）体系。TAFF体系是澳大利亚职业教育体系中的重要支柱，是一种在国家框架体系下以产业为推动力量的、以客户为中心进行灵活多样办学的、与中学和大学进行有效衔接的高质量的教育培训体系。

澳大利亚全国有250所TAFF学院，约100所分布在大城市，接受高职教育的约占70%，接受普通大学教育的占30%左右。

风靡大洋洲、欧洲和东南亚的TAFE是澳大利亚全国通用的职业技术教育形式，由澳大利亚政府开设的TAFE学院负责实施教育与培训。TAFE高等文凭由澳大利亚政府颁发，相当于中国的高等职业教育层次。“TAFE”模式是政府主导。政府在调整、组建高等职业院校方面采取了规模化、集团化、一校多制的联合办学形式，同企业行业密切合作，行业全程参与。采取联合办学的模式，具有统一教育和培训标准，注重实践教学。理论与实践课程大体相当，学院都建立有实力雄厚的实践基地，与学校在办学过程中密切合作。“TAFE”学院的教师全部是从有实践经验的专业技术人员中招聘，必须有4级技能等级证书，4～5年的实践经验或行业工作经历。这为培养实用型应用人才提供了强有力的保证。

充分利用企业行业雄厚的资金、先进的设备、管理经验和现代化生产基地资源优势，主要以职业教育与培训为主的教育，使澳大利亚高等职业教育可持续发展。它面向职业资格准入，融合职业资格和职业教育，强调终身教育培训，是以“能力本位”为特点的职业教育模式。这种模式弥补了高等职业教育发展中的不足，形成了颇具特色的高等职业教育发展模式，为澳大利亚的经济和教育发展提供了良好的基础和条件保障。如图3.3所示：

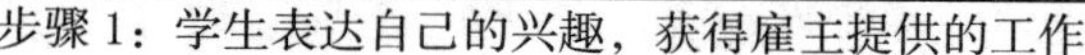

步骤 1：学生表达自己的兴趣，获得雇主提供的工作

- 学校制订战略计划
- 与学生一起协商
- 利用各种资源，通过与雇主、机构等接触为学生获取工作或学生告知自己的学校已经获得工作
- 学生开始兼职工作

↓

步骤 2：办理协议

- 雇主、学徒和家长/监护人(如果学生未满 18 周岁)签订培训合同
- 雇主遵守行业协议及授予相关文凭
- 在学生开始工作的 14 天内，雇主将培训合同提交给新学徒培训中心，完成向培训与高等教育办公室注册
- 学生开始兼职工作

↓

步骤 3：组织培训

- 雇主选择注册培训机构
- 雇主、注册培训机构、学校和学徒协商制订培训计划并认可、签署
- 学徒在开始工作的三个月内，注册培训
- 学生开始兼职工作

↓

步骤 4：开展培训

- 雇主、注册培训机构和学校沟通，确保学徒完成应尽的义务
- 确保学徒完成对 VCE 或 VCAL 和 VET 的义务
- 雇主、注册培训机构协助培训开展和监管培训进程

↓

步骤 5：完成项目

- 注册培训机构告知培训与高等教育办公室，培训已经完成
- 注册培训机构向学校提供最终结果，授予学生证书
- 学校向维州课程与评估机构提供有关的结果和数据

图 3.3　实施新学徒制的五个关键步骤图

七、印度的职业教育

印度职业教育近年来突出的成就是完备的职业教育体系，为印度培养出大批高质量的软件人才。在印度政府的引导下，民间资本、社会资本以及外资大量地流入

计算机教育领域，使印度逐步形成了产业化的 IT 职业教育。在印度，计算机职业教育培训机构遍布全国各大中型城市。一般的中等城市也有上百家。每家机构的学员都在 800 人以上。每年能培养出数万 IT 人才。另外印度政府还特别鼓励和支持著名 IT 业公司办学。如印度著名信息系统技术有限公司创办了一所专门培养信息系统高级管理人才的大学。以开发教育软件为主的全国信息技术研究所、有限公司在印度和世界 30 多个国家设立了上千个培训中心，每年培养 20 万名信息技术专业人才。印度著名的 TATA 公司成立了专门的计算机教育子公司，全面负责信息技术的教育和认证工作，并且成功地规划和编写了一整套从小学到大学的计算机教材。

八、中国台湾的职业教育

中国台湾的职业教育体系包括高级职业学校、专科学校、技术学院或科技大学、研究生院校。高级职业学校是培养基层技术人才的，修业年限一般为三年，招收初中毕业生或同等学历者，相当于祖国大陆的中等职业学校。专科学校重在培养应用科学与技术型实用专业人才，按不同入学资格分设二年制、三年制和五年制。技术学院或科技大学是培养应用科学及技术型高级实用技术人才的、本科层次的高等职业教育，分二年制、四年制。中国台湾的职业教育体系属于典型的“立交桥”结构，如图 3.4 所示：

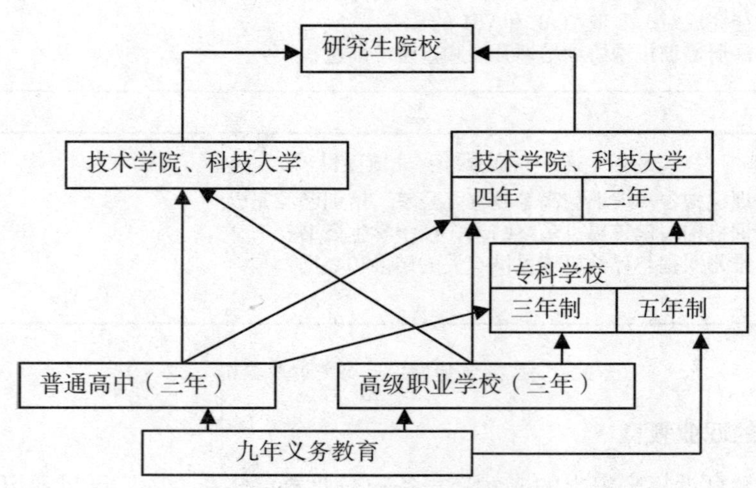

图 3.4 中国台湾的职业教育体系

中国台湾职业教育明确提出二年制专科和五年制专科这类学校应该培养生产第一线的操作人员，而技术学院和科技大学主要培养生产第一线的管理人才和现场技术人员。在这样的人才培养目标下，学校的教学内容主要以实践教学为主，重点培养学生的动手能力，理论教学要求较低，以满足生产第一线工作人员够用为度。在台湾地区，职业院校的毕业生要求取得毕业资格证书和职业证照。

针对政府主导型的职教集团化办学模式，政府尽可能采取有力措施进行管理、监督和推动。像日本是专项拨款，德国法律规定范式，澳大利亚购买成果范式。针对院校主导型的职教集团化办学模式，主要管理和运行责任在于院校，政府主要采用投资拨款政策优惠的方式协助院校管理和运行，一是要协助院校运作，二是要协调校际和校企的关系，调动企业的积极性。针对企业、集团主导型的职教集团化办学模式，政府主要采取政策支持和奖励的措施来鼓励企业办校，但管理和运行完全由企业或集团承担。对于这类模式，经费的主体来源于企业本身，不需要政府的大力资助，主要来自支持性的政策和奖励措施。针对自愿联盟和中介主导的职教集团化办学模式，政府提供保障条件，支持帮助推行和运行。

九、国际职业教育的经验对我国的启示

曾有人将目前校企合作办学模式在发展中遇到的困境，形容为“囚徒困境”。各利益相关者更多的是从自身角度出发，看待合作可能带来的收益。纵观发达国家职业教育的经验，他们的校企合作之所以成功，固然是多方面促成的结果，但利益机制起到了决定性作用，是建立校企合作长效机制的根本因素。其中，政府的强执行力是根本，企业积极参与办学是关键，专业课程建设是基础。比如，政府作为校企合作中的重要驱动因素之一，应通过政策引导、组织协调，通过立法、拨款、税收等政策细化与落实，为校企合作提供运行机制和保障体系。

但由于种种原因，我国企业参与办学的积极性并不高。这一现象其实是可以避免的。简而言之，就是可以通过校企双方长期合作，探索建立合理的责任分担和保障机制。比如，德国职业教育对毕业生的能力要求由行业协会统一制订。在英国，企业作为雇主直接参与制订职业资格标准，参与学校的评估，主动与学校建立合作办学制度，提供训练和实习场地。当然，与此相配套的，就是要做好专业课程建设。这里面最关键的一个问题，就是如何在以就业为导向的前提下，兼顾学生的能力培养与他们未来的职业发展。

（一）我国集团化办学与国际接轨

国际化是职业教育在改革创新中一直坚持探索的道路，也是我国职业教育实现跨越式发展的重要捷径。职教集团引进国外元素，与国外院校或企业合作，学习国外先进经验，结合我国实际，在院校、行业企业和区域之间合作的基础上，提升集团内职业院校办学水平，扩大职教集团化办学的主体范围，专业建设和课程设置以就业为导向，课程体系理实一体化。例如，美国社区学院开设的课程完全是适应地区和社会的需求，根据经济变化与职业更替，课程设置多样化。在澳大利亚，行业在制订教学计划和技能标准等方面具有较大的权力，使 TAFE 学院的专业设置、培养目标、课程结构、教学模式等方面均以行业需求为主。

（二）发挥政府作用

政府加强对职教集团统筹和协调，积极转变管理职能，加大支持力度。积极提供动态的行业岗位需求信息，搭建合作平台，引导职业教育集团及时了解市场需求，提高人才培养的针对性和有效性，寻求更宽广的发展空间，建立专门的监督评估机构，等等。

政府完善政策法规，进一步加大对职教集团的财政支持和政策倾斜力度，通过调整各方面利益举措，如制定贷款、投资、减免税收等优惠政策，为职业教育集团优化办学模式营造良好的外部管理环境，引导和鼓励职教集团成员单位，培养其加入集团、支持集团的积极性。对职教集团的运营进行指导并建立评估制度，引导集团化办学的发展方向，整体上推进职业教育集团化。美国、德国等国都建立了一套完整的法律、法规体系，这些法律、法规对职业教育集团起到了一定的限制和约束作用，对不能适应市场要求的教育集团，相关行政部门会根据考查结果，引导其及时做出相应的调整，节约教育集团的资源。

（三）加强内涵建设

首先，职教集团需要高素质“双师型”教师队伍，提高师资队伍的整体素质。可借鉴国外的成功经验，在专职教师之外，从企业聘请工程师、技术骨干人员、管理人员到学校做兼职教师，指导学生的实验实训。还可派教师到企业进行实践考察、兼职锻炼，到国外的高校进行短期进修，了解国外职业教育的进展和最新理念，促进师资的国际化。

其次，加强集团组织建设，提高管理水平。职教集团在注重向外发展的同时，也要注意向内发展职教集团的办学模式。深化产学研合作，积极推进顶岗实习、工学结合、校企合作。高职院校与中职学校合作，在招生、教学、就业方面实行一体化，实行“3+2”或“2+3”模式，即中职、高职各培养 2 或 3 年，就教学科研共同研讨、相互协作，实现中高职的衔接，实现从中职到高职的学习直通车。

最后，推进“订单式”“工学交替”人才培养模式，提高校企科研合作和成果转化水平。提升集团服务经济、社会发展的能力，对社会闲散劳动力和企业员工进行“菜单式”职业技能培训，推广应用成功经验和实用技术；内强实力，外树“品牌”，走职教集团化可持续发展之路。职教集团要真正做到注重内涵建设，不做表面文章。

（四）加快落实职业资格制度

发达国家推动职业教育和培训的一项主要政策，就是国家严格推行职业资格制度，建立职业资格体系。例如，澳大利亚建立了全国统一的资格认证框架（AQF）。从制度上保证从业人员的质量。

国家职业资格证书制度是劳动就业制度的一项重要内容，也是一种特殊形式的国家考试制度。它是指按照国家制定的职业标准，通过政府认定的考核鉴定机构，对从业者的技能水平或职业资格进行客观、公正、科学规范的评价和鉴定，并对合格者授予相应的国家职业资格证书。

国家职业资格证书由劳动和社会保障部统一印制，劳动保障部门或国务院有关部门按规定办理和核发。国家职业资格证书是持有者具备某种职业所需要的专门知识和技能的证明，是持有者求职、任职、开业的资格凭证，是用人单位招聘、录用员工的主要依据，也是境外就业、对外劳务合作人员办理技能水平公证的有效证件。

我国目前国家颁发的职业资格证书覆盖的职业面很窄，各类职业资格证书不规范，企业用工、人员上岗有很大的随意性，没有相关的制约机制。因此，国家应发挥其政策调控和宏观监督的作用，促使职业院校因材因需施教。激发学生向更高一级学习的积极性，并发挥其经济功能的作用，逐步实行严格的就业准入制度和职业资格制度，将“先培训，后就业”的持证上岗制度落到实处。

职教集团只有有效发挥职业教育特色的人才培养模式，总结并借鉴古今中外的办学经验，根据世界职业教育发展的趋势、集团化办学的规律，才能使职业教育集团化办学在实践中不断发展完善，在完善中不断发展。

此外，在中、高职衔接方面，中国台湾地区有着较为完备和丰富的实践经验，主要体现在：各层次职业教育衔接顺畅；突出专业技能培养导向；大力扶植私立大专院校，并编列入年度教育经费预算。

第二节 职业教育集团化办学模式

办学模式是指兴办和经营管理学校的体制、机制的特定样式。办学模式是由办学资源的特殊属性及特殊组织结构形式所决定。我国国情的特殊性和地域的不平衡性，决定了职业教育集团的办学模式存在多元形式的联合。

目前，我国对职教集团模式的划分并没有统一标准，学者们对职业教育集团的划分是建立在对我国职业教育现状的客观分析和对自身办学条件和实际情况的总结基础上的。总结学者们的研究结论，我们大致可以对职教集团办学模式作如下划分，如表 3.1 所示：

职教集团办学模式分类表

划分依据	合作办学的目	办学的结合程度	合作办学的主体构成	主导机构
类别	区域联合型	紧密结构型	政校企一体型	政府主导型
	中心辐射型	松散联合型	产学研一体化型	行业主导型
		混合型	多类型垂直式联合体型	院校主导型
				企业主导型

笔者认为，职教集团机制的建立，主要取决于其主导机构的作用。因而，在此我们具体分析最后一种划分方式，根据职教集团组建和运行的主导机构不同来进行划分，即政府主导型、院校主导型、企业主导型和行业主导型①。

一、政府主导型

政府主导型职教集团通常由地方教育行政管理部门牵头，依托地方优势，整合区域职业教育资源，与企业合作办学，共同开发人力资源，享受区域经济发展的优惠政策，发挥职业教育集团的整体效应。天津城市职业学院职教集团就是这种类型的职教集团。

行政—计划式的运行机制是政府主导的职教集团所采用的主要运行机制。政府在职教集团中处于核心地位，学校是主要参与者，企业是配合者。政府通过制定相关法规和政策，规定各个学校和企业在职业教育中的权利与义务。同时通过招生计划的调配等手段，对学校教育的发展方向进行指导。企业根据政府的宏观政策，为区域内的职业教育发展做出相应的技术支持和资金支持，履行企业服务社会的责任。

政府主导型职教集团的优势是：有利于提升职业教育服务区域经济的能力；有利于形成政、校、企多方共赢的职教模式；有利于加强职业教育的管理并建立职教集团组织的良性运行机制。随着职教集团的发展，政府真正参与职教集团决策与管

① 章建新，吴业东. 不同主导类型职教集团的制度比较[J]. 天津市经理学院学报，2011.12

理的情况将会逐渐减少，政府在职教集团组建初期所起的决定性作用将会逐渐减弱，从而使职教集团在地方政府的政策引导下独立运行，并成为真正的市场主体，这也是政府主导型职教集团发展的方向。

二、院校主导型

院校主导型职教集团是由具有优势的龙头院校为主，打破部门和行业界线，其他院校和企业参与，以契约形式组成的职教集团组织。这种类型的职教集团组织结构大都属于松散型，院校和企业参加与退出比较自由。根据江苏职教集团网（http://zjjt.wxic.edu.cn/）统计，江苏省已经成立了 19 家省级职教集团，涵盖商贸、农林、建筑、食品等多个行业，其中 18 家是院校主导型职教集团。

院校主导型职教集团除各方认可的“章程”之外，没有其他的“硬约束条件”，其构建良好运行机制的关键在于搭建校企和校际间的合作平台。在合作平台上，各方以合作项目为载体，实现不同利益主体间的契合，实现校企一体化教育资源的集约化运行。院校主导型职教集团的组织过于松散，缺少资产纽带，很难实现在责、权、利统一下多方共赢的效果。

三、企业主导型

企业主导型职教集团是由企业承办，并由企业牵头设立委员会或董事会的职业教育集团组织。在这种类型的职教集团中，企业深度参与职业教育集团的领导、决策与管理，充分体现企业办学的优势。企业中的专家按照企业发展的实际需要与院校的教师共同设计人才培养方案， 并在学生生产性实训和顶岗实习等方面提供支持。

比如 2012 年 7 月，央企中国铝业公司牵头组建中铝职教集团。由企业牵头组建职教集团，与其说它是在“走老路”，不如说是在“还旧账”。事实上，如今回过头来看，我国原有的中专技校因为直接面向行业和市场，用工需求结合得非常紧密。后来“厂校”消失，并非对模式本身的否定，而是顺应了企业改制的时代需求。但其后果就是职业教育，尤其是职校教育，与生产需求和行业发展脱节。如今重新强调企业、行业、学校集团化作战，不仅是回应新的发展需求，做符合时代特点和职业教育规律的事，也是为了让企业、行业、学校回归到应有的合作中，使“校企合作”这一职业教育中培养大量技能型人才的有效渠道做实、做深。

我国经济已步入发展中的“高原期”，在企业亟须质量提升的情况下，将职业院校对高技能型人才的培养，同市场需求、企业需求紧密衔接是大势所趋。

企业主导型职教集团的办学特征明显，资产关系较为清晰，但其他院校在与其进行资产重组方面会受到一定的限制，因此，教育资源在一定范围内体现集约化运行并做到充分利用将受到一定的制约。

四、行业主导型

行业主导型职教集团是由行业集团公司牵头组建。行业集团公司具有独立的法人资格。在行业集团内部，各类职业院校在行业集团主管下独立运行。

这种行业主导型职教集团由于具有很强的行业背景，院校依托行业办学，可以为行业培养其所需的高素质的技能型人才。行业主管部门及其下属企业为职业院校提供生产性实训场地，参加院校的组织管理，行业和企业的专家参与职业院校的专业和课程建设。在行业内部，不同职业院校的教育资源比较容易做到重新配置和合理使用。由于行业主导型职教集团的行业组织特点明显，组织边界较为明晰，其在社会范围内整合教育资源，实现职教资源的集约式发展将会受到一定的限制。目前我国很多职教集团如装备制造职教集团、交通运输职教集团等都属于这种类型。

职业教育集团组建形式的多元化，顺应了我国各地区经济发展不平衡的状况，每种形式都切合了当地社会、经济和文化发展特点。我国职业教育集团化办学在模式上尚不够多元和灵活，在参与实体上比较单调，如社区、行业协会、中介组织等很少参与其中。笔者认为，职业教育集团的组建形式不应拘泥于一种或几种，只要是根据自身的办学条件、地区职业教育状况、有利于自身发展和当地经济发展的需求而组建起来的办学实体，都应该得到提倡和鼓励。只有这样，职业教育集团化办学才能获得强盛持久的生命力。

第三节　职教集团的组织结构

组织结构(Organizational Structure)是指对于工作任务如何进行分工、分组和协调合作，是表明组织各部分排列顺序、空间位置、聚散状态、联系方式以及各要素之间相互关系的一种模式，是整个管理系统的“框架”。组织结构是组织的全体成员为实现组织目标，在管理工作中进行分工协作，在职务范围、责任、权利方面所形成的结构体系。组织结构是组织在职、责、权方面的动态结构体系，其本质是为实现组织战略目标而采取的一种分工协作体系，组织结构必须随着组织的重大战略调整而调整。

组织结构的概念有广义和狭义之分。狭义的组织结构，是指为了实现组织的目标，在组织理论指导下，经过组织设计形成的组织内部各个部门、各个层次之间固定的排列方式，即组织内部的构成方式。广义的组织结构，除了包含狭义的组织结构内容外，还包括组织之间的相互关系类型，如专业化协作、经济联合体、企业集团等。

企业集团的组织结构分析是思考职教集团组织机构的重要切入点。而职教集团也应根据不同主导，建立不同的组织结构。

一、政府主导型职教集团的组织结构

政府主导型职教集团的组织机构一般由政府和成员单位人员兼任，主要由以下几个部门组成：

（一）管理委员会

一般由政府人员、学校、企业的主要负责人组成，主要负责职教集团的战略规

划、确定办学目标、整体管理与决策，制定集团内部的相关规程。政府的角色是指导者和监督者，学校和企业是参与者。管理委员会职能是协商、决定职教集团内部的社区教育、职业教育发展规划、资源开发利用、专业建设、招生、学籍管理、质量保证、资金使用等重大问题。校务管理委员会设主任委员和副主任委员，以及委员若干人，主任委员由市教委主任兼任，委员由各学院的院长担任。

（二）秘书处（办事处）

秘书处的职责是执行管理委员会的各项决定，协调成员单位，监督各项工作的进展情况，对成员单位执行章程的情况进行检查，并将集团情况及时向委员会反馈。

（三）教务委员会

教务委员会负责制定集团教学管理规范，对集团内各种教育资源进行合理配置和利用，协调各成员单位在教育教学过程中出现的专业建设布局、资源配置等问题。

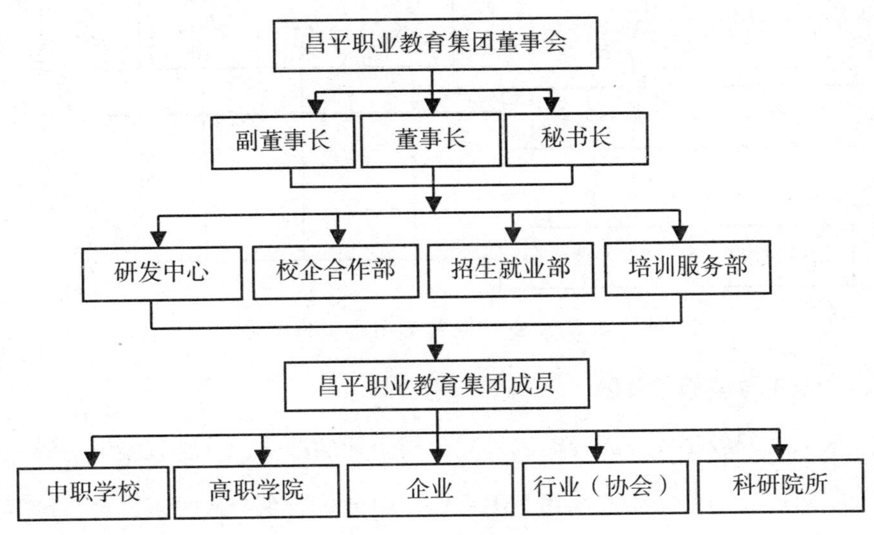

图 3.5 北京昌平职教集团组织框架图

二、院校主导型职教集团的组织结构

院校主导型职教集团组织结构松散，构成关系复杂，因此，适当的组织结构在促进紧密型校企合作中起着至关重要的作用。院校主导型职教集团多采用理事会负责制，下设常务理事会和秘书处，分别负责执行理事会的决议和完成日常运行工作。为推动院校主导型职教集团的校企合作，一般可采用矩阵式组织架构，如图 3.6 所示，各部门既独立运作又相互配合，以合作项目为载体定期沟通，有利于激发集团各管理部门、各专业为企业服务的积极性，形成推动校企合作的合力。

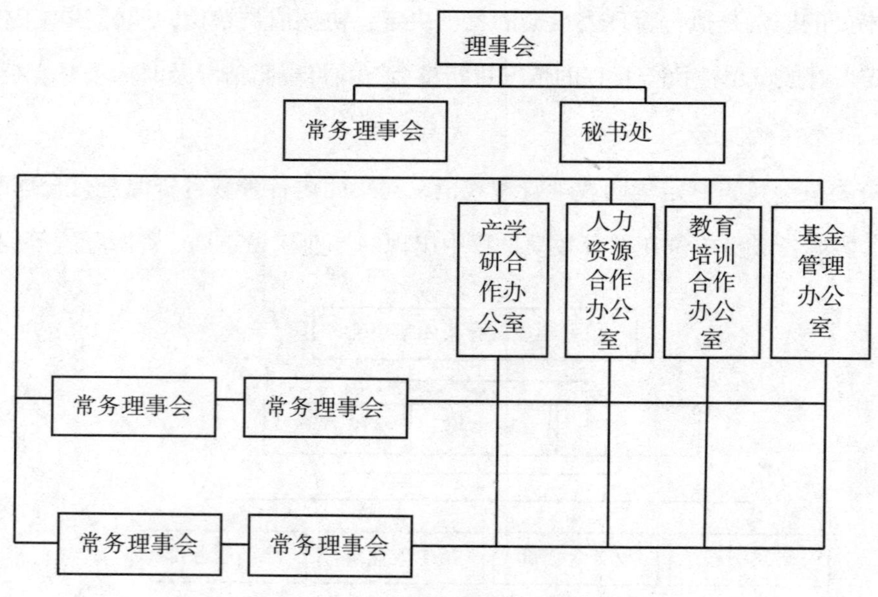

图 3.6 湖北交通职教集团组织框架图

三、企业主导型职教集团

企业法人型职教集团在组建时以筹建公司企业的形式，分别以投资出资额或所持股份为限对成立的公司企业承担有限责任，由公司股东会或股东大会、董事会或执行董事、监事会或监事负责行使权力、承担责任，该公司企业则是以公司的全部财产对外承担责任的企业法人。青岛西海岸职教集团有限公司就是这类职教集团。

企业主导型职教集团的组建成立程序与其他三类职教集团不同，其组建程序必须依据《中华人民共和国公司法》的规定，按组建成立有限责任公司或股份有限公司的方式来进行，其注册登记机关为国家工商机关，企业成立时还需办理税务登记。这类职教集团一般不需要经过特别的组织设立程序，而只需达成几方的合作合同或合伙合同即可，所设立的组织机构也只具有一般的联络、协调功能，不是独立的对外的表意机关①。

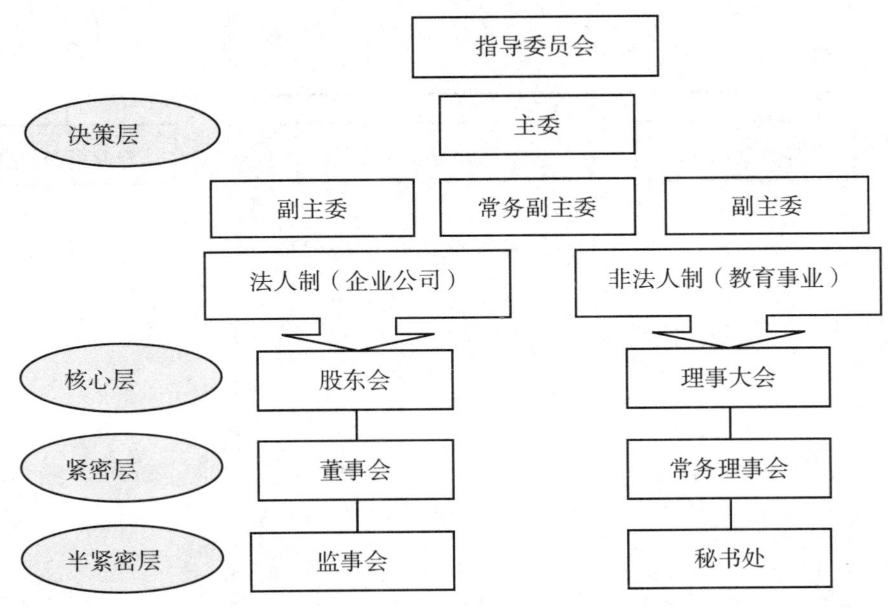

图 3.7 青岛西海岸职教集团组织框架图

四、行业主导型职教集团的组织结构

行业主导型职教集团由于具有很强的行业背景，因此具有依托行业组建、受行业领导、行业参与建设、为行业服务的优势。但与其他类型职教集团一样具有产权、组织模式、领导体制、运行方式等方面的共性矛盾。

行业主导型职教集团应具有多层次的组织结构，一是应该有核心层和紧密层；二是应有相关企业、其他实体及协作学校参与；三是集团成员学校和其他成员单位

① 王志伟. 企业法人型职教集团产权制度初探[J]. 教育与职业，2013.1

总数至少在5个以上；四是具有集团成员共同制定或认可的章程。

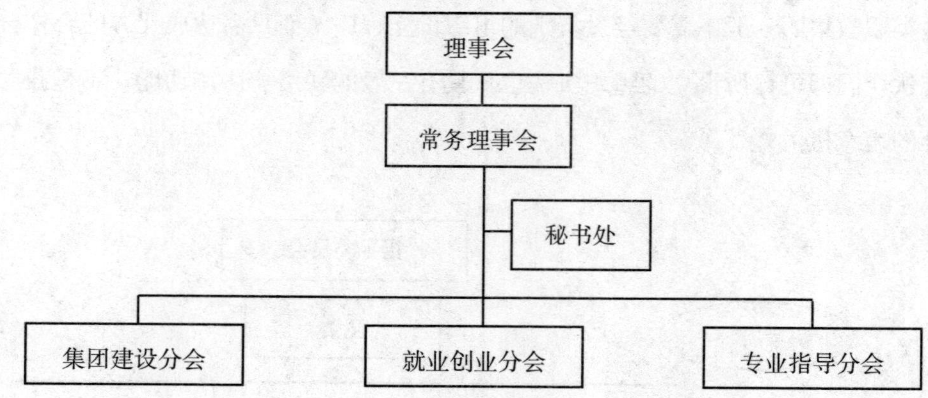

图 3.8 江苏商贸职教集团组织框架图

第四章　我国职业教育集团化办学现状

第一节 我国职业教育集团化办学现状

我国职教集团数量尚没有正式渠道披露官方的统计数据，目前所得到的数据，也是在调研、会议及领导讲话中所获得的数据。截至 2007 年 9 月底，全国已经有 25 个省、市、自治区开展了职业教育集团化办学的实践探索，已发文成立的职教集团和具有集团特征的紧密型合作组织数量达 305 个。在全国还没开展职业教育集团化办学的山西、广西、内蒙古、贵州、西藏、甘肃和青海等 7 个省（市、自治区）中，山西、广西、甘肃正在筹备组建职教集团[①]。而截至 2012 年年底，全国除了西藏，其他省市均成立了不同形式的职教集团。教育部副部长鲁昕在 2012 年度职业教育与成人教育工作会议上的讲话中提到“目前全国除西藏外的 30 个省份已组建 500 多个职教集团，覆盖 100 多个行业部门、1 万多家企业、近 600 个科研机构和 30% 以上的中职校、80%以上的高职校[②]”。

而截至 2012 年年底，全国已建职教集团约 700 个，覆盖 100 多个行业部门、近 2 万家企业、700 多个科研机构和 50%以上的中职校、90%以上的高职校[③]。其中以企业参与度最高。如图 4.1 所示：

① 黄尧. 职业教育集团化办学的理论研究与实践探索[M]. 高等教育出版社，2009.2

② 鲁昕. 适应需求 改革创新 努力提高职业教育服务国家战略的能力[Z]. 2012.3.16（http://www.ict.edu.cn/laws/jianghua/n20140305_8474.shtml）

③ 鲁昕. 深入推进教育体制改革试点工作 完善职业教育国家制度体系[Z]. 2012.12.18（http://www.moe.gov.cn/publicfiles/business/htmlfiles/moe/moe_176/201302/147661.html）

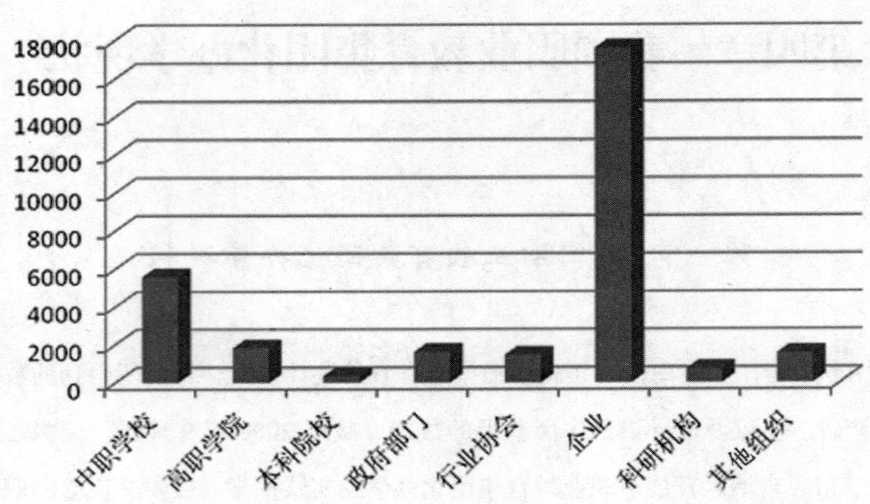

图 4.1 成员单位构成图

以上提供的数据之所以不同，一方面是由于统计口径不一致造成的，另一方面则是因没有建立完善的数据上报系统。单从官方披露数据来看，职教集团从2007年至今，发展速度是非常迅速的。职教集团发展趋势如图4.2所示：

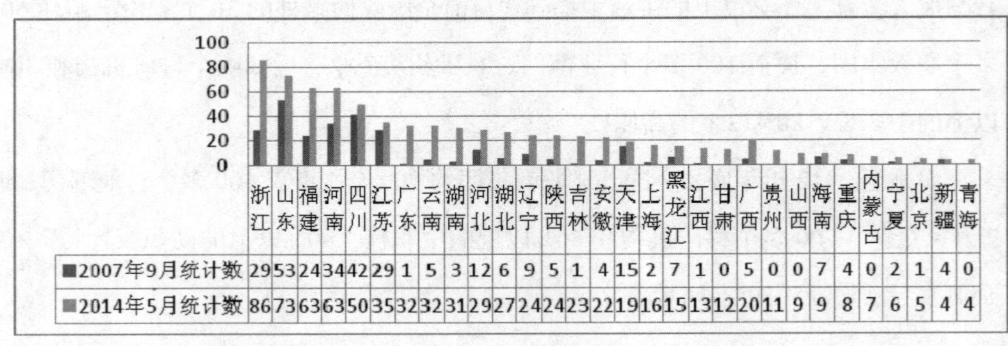

	浙江	山东	福建	河南	四川	江苏	广东	云南	湖南	河北	湖北	辽宁	陕西	吉林	安徽	天津	上海	黑龙江	江西	甘肃	广西	贵州	山西	海南	重庆	内蒙古	宁夏	北京	新疆	青海
■2007年9月统计数	29	53	24	34	42	29	1	5	3	12	6	9	5	1	4	15	2	7	1	0	5	0	0	7	4	0	2	1	4	0
■2014年5月统计数	86	73	63	63	50	35	32	32	31	29	27	24	24	23	22	19	16	15	13	12	20	11	9	9	8	7	6	5	4	4

图 4.2 各省职教集团发展趋势图

注：2007 年 9 月数据来自《职业教育集团化办学的理论研究与实践探索》①，2014 年 5 月统计数据是在 2012 年 12 月 18 日“国家职业教育体制改革试点暨职业教育集团化办学现场交流会”资料整理基础上，结合网络、问卷、访谈调研统计而来，此数据仅供参考。

① 该数据来自黄尧. 职业教育集团化办学的理论研究与实践探索[M]. 高等教育出版社，2009.2

从图 4.2 中我们不难看出，自 2007 年至今，所有省份在职教集团个数上无一例外地出现了大幅度增长，这说明近几年，由于政策导向及先期职教集团的示范作用等原因，我国职教集团的发展已经呈现普及的态势，被认可度也不断加大，组建职教集团已成为职业教育体制改革的重要部分。

第二节　我国职教集团存在的问题

职教集团的建设发展过程本身就是一个探索的过程，难免会出现这样那样的问题。根据访谈及问卷调查的结果发现，目前职教集团在建设发展中面临的主要问题包括：职教集团牵头单位的服务能力建设问题，职教集团组织形式的确定问题，职教集团成员的利益共享问题，职教集团发展的政策环境问题，职教集团的发展战略问题。

一、职教集团牵头单位的服务能力建设问题

职教集团牵头单位开放办学的程度，建设水平的高低，人才培养质量的高下，社会服务能力建设的强弱是职教集团科学发展的首要问题。它直接影响着集团内成员及社会各方合作意愿的大小和彼此合作时间的长短。职教集团成员间的战略合作本身需要合作者提升自身素质，增强核心的吸引力，在互动交流中寻求各方共同成长，各自利益共赢。但客观地说，我们的高职办学在更好地满足社会各方面的需求方面还有很大的改进空间。我们的办学质量还需有实质性的提高。很难想象：职教集团牵头单位本身建设水平一般，而集团却能够建设得卓有成效。所以，讨论职教集团科学发展，首先要高度关注集团牵头单位自身的内涵建设问题。

二、职教集团组织形式的确定问题

现在，职教集团主要采取松散型组织形式，这种组织形式表现出极大活力的同

时，也隐藏着一定的不利因素。这些不利因素主要表现在：成员之间没有实质性的捆绑和约束，不会对成员个体发展形成障碍；成员进出集团自由，集团对成员的约束力较小，成员承担的义务和责任十分有限，最终可能导致集团整合发展能力弱化。此外，从发展角度看，集团一直居于动态状态下，其生存和发展受许多不确定因素制约，难以进行长远规划，即便制订了目标也不一定能保证按计划实现。从组织管理角度看，学校的教育资源和企业的实训资源、岗位就业资源间的这种集团最重要的资源整合也是集团的“软肋”。所以，经过起步阶段数量和规模的轰轰烈烈发展之后，职教集团的发展进入了理性回归的新阶段，而这一阶段的主要特征是大部分职教集团，特别是成立较早的职教集团，如江苏商贸职教集团等，开始着力于集团的优化发展、内涵发展和科学发展。所以，职教集团采取合理的组织形式是职教集团科学发展的关键问题。

三、职教集团成员的利益共享问题

由于集团成员类型多样，参与集团的动机各不相同。如有些成员把与集团的合作当作是扩大自身人力资源开发、贮备、利用的途径；有些成员把与集团的合作当作是一种社会责任，是对职业教育发展的一种公益性帮助。不同观念的驱使，导致不同成员参与集团工作的动力及投入程度存在显著差异，具体表现为：有些政府机构参与集团活动的表层化，少数行业组织参与集团工作的被动性，部分企业成员及院校成员参加集团建设的滞后性。因此，集团范围内职业教育资源整合空间有待进一步拓展，校企深度融合、院校紧密合作、校政互动发展尚待全面有效实现。从校企合作看，学校的合作意愿要高于企业的合作意愿。从院校合作看，高职院与中职校的合作意愿要高于高职院校之间的合作意愿。从校政合作看，政府与学校的合作意愿不是很高。从行业合作看，行业组织本身也有一个加强自身建设的问题。职教集团成员间互惠互利的动力机制尚不完善，利益共享问题解决得还不够彻底，这是职教集团科学发展的核心问题。

通过问卷调查发现，企业参与合作积极性不高，除外部因素外，自身也存在观念认识问题。

追求现实利益的观念，对校企合作重要性认识不足抑制了企业参与合作的内动力。调查结果显示，不愿意参加职教集团的企业中，有62.5%的企业认为，参与职教集团只有义务，没有权利和利润，企业因参与人才培养造成的经济损失得不到补偿。“目前院校对顶岗实习的学生疏于管理”“学校服务企业能力太差”“学生达不到用人需要”也是企业不愿参加职教集团的原因。

同时，学校为企业服务的能力主要表现在两个方面：一是培养企业需要的人才，二是利用知识和技术优势为企业解决技术难题和提供技术服务。但从问卷统计的情况来看，只有17.29%的企业认为“通过校企合作获得了职业院校对企业的技术支持”。大部分高职院校对于企业亟须解决的问题缺乏研究和解决能力，难以形成合作优势。

另一方面，高职院校普遍要求企业参与制订人才培养方案、安排技术骨干承担教学任务、接受学生实习和就业等。这导致53.37%的企业认为在目前的职教集团中，“企业对院校的贡献大于院校对企业的贡献”，从而对这种“只有付出没有回报”的合作毫无兴趣。如图4.3所示：

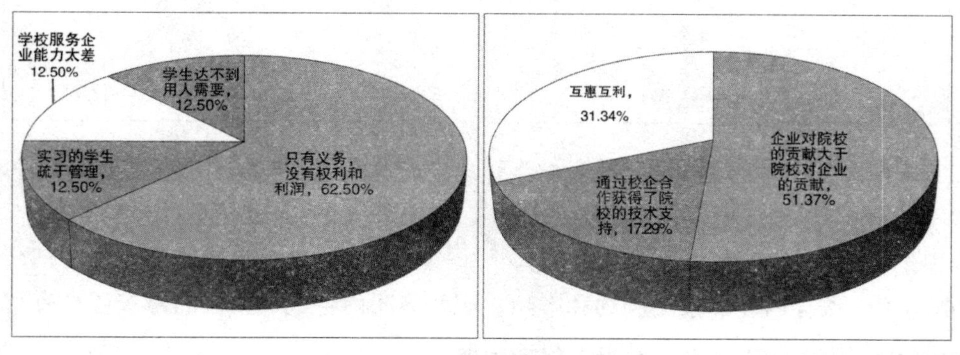

图4.3 关于“职教集团合作动机”的调查结果

四、职教集团发展的政策环境问题

当前大部分省市鼓励职教集团发展的有关政策尚未出台，也缺乏推动职业教育集团化发展的具有可操作性的相关文件，职教集团的建设与发展在整体上尚处于自为阶段，集团工作虽已纳入我们各级教育主管部门政策管理的范围，但管理的力度、措施与职教集团快速发展的客观需要还不相适应。职教集团的进一步发展需要良好的政策环境。职教集团建设的政策环境尚待进一步优化。问卷结果显示，有 68.6%的企业和 45.83%的高职院校在回答“职教集团的目的”时，分别给出了“物色满意的员工”和“解决学生就业问题”的答案，这说明职教集团内行业企业与高职院校出于自身发展需要，具有一定的合作动力。校企间通过契约的形式建立了合作意向，在接受学生实习与就业、提供兼职教师和实训设备等方面的合作也取得了一定成效。如图 4.4 所示：

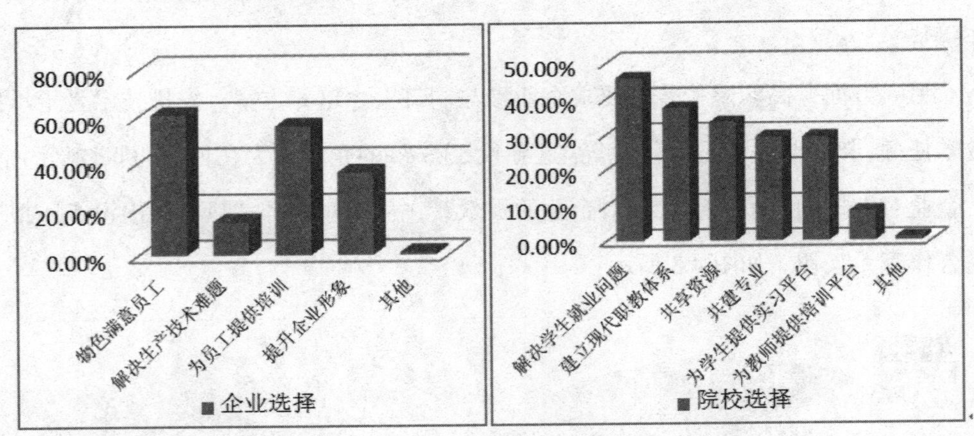

图 4.4 企业、院校对职教集团目的的选择

但由于缺乏政府有力的政策支持、集团内没有形成有效合作机制、合作各方价值取向不一致等内外因素的制约和影响，职教集团内各成员单位的需求还没有真正实现吻合，集团的强大合力并没有得到体现。

一般而言，职教集团本身不具备独立的法人资格，与其成员单位间没有行政隶属关系，集团本身的调控能力、办学自主权、运作资金等都非常有限。因此，迫切需要政府指导和协调，为职教集团提供有力的政策支持和创造良好的发展环境。

从问卷结果来看，几乎所有的企业都认为：目前国家对高职教育校企合作虽给予了高度重视，出台了一系列指导方针和原则，但由于没有建立引导、鼓励和支持企业参与校企合作的制度体系和有效机制，缺乏配套的税收、信贷方面的优惠政策，在岗前培训、劳动力准入制度方面没有制定相应政策规范等，导致校企合作双方的责任权利不明确，企业缺乏参与合作的约束力和驱动力。这是职教集团科学发展的环境问题。

五、以章程为纽带，约束力不足

章程是职教集团为规范集团内各主体间的权利和义务，并明确集团组织行为宗旨、行为准则的规程和办事条例。职教集团章程体现了职教集团组织的目标、结构及其制度原则。在四种不同主导类型的职教集团中，章程是不可缺少的，是约束集团组织各成员行为、实现集团目标的纲领性文件。

在大部分职教集团章程中， 一般均规定职教集团的性质、宗旨、业务范围、各组织成员的权利义务、组织机构、经费和资产管理、终止程序及财产处理等内容。

从目前职教集团组建和运行情况看，大多数以章程为纽带的成员单位成为合作伙伴关系，各成员单位在产权、人事、拨款等方面具有独立性。这种集团组织组建时入门条件很低，约束条件很少，各成员单位容易组合在一起，从而成为目前我国职教集团体制的主要范例。但是这种单纯以章程为纽带的职教集团，由于组织和制度对成员单位缺乏“硬约束”，所以，凝聚力不强、协调力不足、运行机制不科学。

要解决好以上这些问题，从微观来看，似乎是职业院校如何进行课程设计、如何平衡专业课程和普适课程配比的问题，但其实不尽然。从长远来看，它需要一个国家整体的职业教育体系环环相扣的配合。具体到我国，就表现为现有职业教育体系存在层次缺失、中高职定位不清、阶段不完整、职前职后教育难以一体化、开放程度不够、技师学院处境尴尬等问题。一个真正成熟、健康的职业教育体系通常分为三个阶段：职业启蒙教育，职业准备教育和职业继续教育。这意味着，在孩子们的成长过程中，他们受到的职业启蒙教育不应该是片段的、零碎的。与此同时，职业教育的受益面也应该不仅仅是传统受众，而是面向全体社会成员，面向每一个个体的职业生涯发展。如果我们能在这样一种理念的引导下，打造一个纵向互相衔接、横向互相沟通的灵活体系，将助益于我国各项事业的和谐发展。

第五章　职教集团的办学要素研究

对于职教集团来说，除了办学目的与企业不同，其在人、财、物管理上和办企业一样。现代企业管理很重视的一点就是企业发展要素的组合，教育也有它的要素。要素是系统方法论中的一个概念，即构成事物的必要因素。办学要素是构成教学主体的各个因素，它们决定着教学主体的功能。

正因为职教集团的本质仍然是教育，所以李志平提出的高校办学要素也适用于职教集团，即学生要素、师资要素、条件要素、管理要素和文化要素[①]。如何对职教集团办学要素进行优化，是教育管理者应该思考的问题。

第一节　职教集团办学要素概述

职教集团是指一个或若干个发展较好的职业院校，联合相关的行业企业，以扩大办学规模、提高教育质量和实现双赢、共同发展为主要目的，以资产链接或契约合同为纽带，以集团章程为共同行为规范而构建的多法人联合体。

五个办学要素归纳起来可以分为两类，即“人力资本”类要素和“教育环境”类要素。“人力资本”类要素包括学生要素和教师要素；“教育环境”类要素，包括管理要素、条件要素和文化要素。

一、“人力资本”类要素

人力资本就是指凝聚在劳动者身上的知识、技能及其所表现出来的能力，这种

① 徐佳，许志军. 关于职教集团办学要素的分析[J]. 职教论坛，2012.9

资本是由于对人的投资而形成的。在职教集团的办学过程中，人力资本类要素包括教育者和受教育者，即教师要素和学生要素。人力资本类要素不同于物质资本，它比物质、货币等硬资本具有更大的增值空间。

（一）学生要素

学生要素是衡量教育质量的内在性要素。职教集团之所以姓“职”，就决定了职业教育对学生的培养必须和职业岗位、职业技能联系起来，必须走“工学结合、校企合作”的道路。职教集团的学生的培养目标定位为技能型人才，而技能型人才的需求主要来源于企业。在职教集团培养学生的过程中，必须要使企业真正参与到学生培养计划的制订、课程设置、教学设计的全过程，让企业在教育集团中发挥实质性作用，才能培养出企业所需要的人才，达到学校与企业的双赢。

（二）教师要素

职教集团应该努力提升“双师型”教师素质，以团队建设拉动专业建设和教学质量提升，建成一批师德高尚、业务精湛、技能互补、结构合理、敢于创新、乐于奉献，有政府和行业企业广泛参与的专业建设团队；建成一批具有较高知教、执教、治教能力，符合高职教育特点的“双师”结构教学团队；建成一批具备较强科研能力、创新能力、技术研发能力的科研团队；建成一批职业道德高尚、专业能力突出、热心社会公益的社会服务团队。

二、“教育环境”类要素

教育环境类要素是指在一个学校内部与教和学发生直接或间接关系的一切主客观因素。它所包含的范围非常广阔，既包括客观的物质条件，也包括主观的人文条件。它是一定区域内能使教育活动得以顺利进行， 或者是赖以生存和发展的客观条件。优化“教育环境”类要素是达到教育目标的必要保障。

（一）条件要素

实行集团化办学以后，可以有目的、有重点地集中资金投向，保证重点工程的尽快建成，保证职教的校内外实习基地尽快走向规范化、一体化、现代化。比如，职教集团中的各个学校可以实行整体规划、分别建设，形成资源共享，为职业教育提供有力保障。同时，企业可以安排生产中的一部分场所对学生开放，也可以利用学校所建立的实习基地作为员工培训的基地，这样可以达到条件要素的最优化。

（二）管理要素

职教集团一般并非独立的法人实体，其组成往往都是松散型的。学校和企业在组建职教集团后，其原有的隶属关系、产权性质以及职工身份并未发生改变。集团成员单位之间是“契约”式，教育资源上互补，政策上共享，相互依存的战略伙伴关系。因而，对于职教集团来说，管理要素与一般院校是不同的，不仅是对某个法人主体进行管理，而且是对职教集团的利益相关者的共同管理，只有这样才能保障职教集团持续发展。

（三）文化要素

职教集团的文化形成，不仅是源于集团内的院校群，还有企业群。因此，在学校文化活动上应该围绕“职”的特色创新，让大学生在充分体现“职”氛围的文化活动中激发热情，受到影响，得到教育。比如组织各种技能大赛，或者提供便利条件，让学生出校门、进工厂、进社区，进行企业实践，体验社会生活。此外，职教集团在加强学校文化建设中，还应当吸收和借鉴企业优秀文化。把企业优秀文化融入学校文化，使学生在校期间得到企业优秀文化的熏陶，更有利于学生毕业后顺利进入企业。

第二节　职教集团办学要素的优化

一、职教集团办学要素的个体优化

（一）学生要素优化

学生要素作为第一要素，它也是教育的主体，没有学生一切都是空谈。学生要素是衡量教育质量的内在性要素。职教集团之所以姓“职”，决定了职业教育对学生的培养必须和职业岗位、职业技能联系起来，必须走“工学结合、校企合作”的道路。职教集团的学生由两部分组成，一部分是中职学生，另一部分是高职学生。这些学生入学成绩普遍偏低、基础普遍较差、学习欲望不强烈，因此，学生生源对于职教集团来说是一块“短板”，但是我们的教育不应该是学校挑选适合教育的学生，而应该是创造适合学生的教育。职教集团的学生的培养目标定位为技能型人才，而技能型人才的需求主要来源于企业。

2013年，中国人力资源市场信息监测中心对全国100多个城市的公共就业服务机构市场供求信息进行了统计分析。从用人单位看，96.8%的用人需求集中在企业。从用人单位对求职者文化程度的要求来看，对职业院校学生的需求约为40%；对大学及以上文化程度求职者的需求比重为7.7%。从对技术等级和职业的需求看，对技术等级有明确要求的占总需求人数的54.2%，主要集中在初级技能人员、中级技能人员和技术员及工程师。如图5.1所示。

因此，如果能把企业的需求与学生的培养结合起来，完全可以变“短板”为“长板”，为高职教育的持续发展创造源源不断的动力。因此，在职教集团培养学生的过程中，必须要使企业真正参与到学生培养计划的制订、课程设置、教学设计的全过程，让企业在教育集团中发挥实质性作用，才能培养出企业所需要的人才，达到学校与企业的双赢。

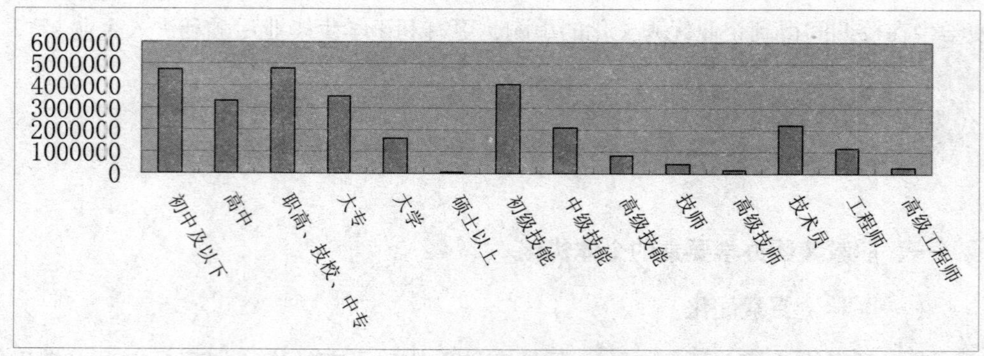

数据来源：中华人民共和国人力资源和社会保障部网站（http：//www.mohrss.gov.cn）

图 5.1　2013 年人才需求示意图

（二）教师要素优化

教师是教育过程中的“一线工人”，其自身的知识、修养和品德是培养技能型人才的有力保障。职教集团中，教师主要来源于院校群。因此，职业院校教师的特点直接决定着职教集团的师资情况。

普通高校的师资队伍构成非常注重学历、职称结构。对于职业院校来说，教师的学历、职称的平均水平不及本科院校。更重要的是，职业院校师生比远远低于标准水平，人员结构不合理，冗员较多，专业教师严重短缺。这些都形成了职业院校教师要素的“短板”。教师不仅仅是一个人，更是一个群体。职业院校强调培养“双师素质”的教师，更需要建设“双师”队伍。

在职教集团中，企业群在教师要素中发挥着不可替代的作用。在职教集团中，应该提倡教师多研究横向课题，即为企业解决实际生产中存在的问题。同时，教师的教学也不能离开真实企业环境，需要到企业中培训。此外，企业也可以派出能工巧匠及专家到学校兼任教师，这样也能缓解职教集团中教师匮乏的困境。

（三）条件要素优化

职业教育与本科教育一样，是一项成本很高的社会事业。除了国家规定的大学生均教学用房标准、教学仪器标准、图书册数标准等，职院为实现学生的培养目标，还应该为学生提供有效的实习实训条件。这些条件不仅是学生们学习的基础，同时也是教师教育的基础。所以办学条件是职教集团非常重要的物质基础。在教育发展的过程中，职业院校面临的一个很大的问题就是资金短缺。这种经济运行状况导致了许多职业院校实训室建设不足，实验器材、设备短缺，影响了职业教育人才的培养。

（四）管理要素优化

在建立职教集团内部管理系统的时候，不仅要建立集团内的规章制度和章程，明确各个成员的角色、地位、权利及义务，更要借鉴公司的管理经验和管理制度，在必要的环节进行公司化管理。应该构建起职教集团特有的组织系统来管理职教集团，形成职教集团的领导、决策机构，切实地将管理工作贯穿于日常的教学组织活动中。比如，教学管理、教学质量监控、招生就业管理、学生实习管理，等等。这不是一两个学校或企业的事，而是所有成员共同的义务和权利，应共建共管。这样，职教集团才不会流于形式，而能够真正地发挥集团作用，达到既定办学目标。

（五）文化要素优化

在办学过程中，必然要形成学风和教风等，这些构成了办学体系的文化要素。学校文化建设不仅是办学特色建设的环境支撑，而且是人才培养特色形成与发展的重要保证。

职业院校学生与普通高校相比，在学习习惯、学习能力、学习方法上存在着较大的差距。人们经常会说，职院学生不爱学习，学习兴趣不浓。

但是，职教集团的文化形成，不应仅源于集团内的院校群，还应与企业群紧密结合。在职教集团中，起着决定性作用的五个要素是缺一不可的，它们相互影响，相互作用。要想使职教集团达到既定目标，就必须将五个要素看作一个系统，对各要素进行优化，从而使得所有要素互相配合，创造最大效益。同时，政府及行业等集团外部力量也是推动和保障职教集团办学要素优化、集团可持续发展的有力保障，如图 5.2 所示。

图 5.2 要素个体优化示意图

二、职教集团办学要素之间的优化

（一）职教集团办学要素之间进行优化的理论依据

在前面我们分析了如何对办学要素进行内部优化，如果将各要素看成一个有机整体，从长远来看，绝大部分办学要素的投入数量（以下简称“投入”）都是可变动的，理性的“办学者”会选择最优的办学要素组合。虽然目前我们还无法衡量职教集团培养学生产出的“知识与技能”及社会效应的实际价格（以下简称“产出”），无从找到投入要素的边际价格与产出品的边际价格相等时要素投入量的确切点，但我们总希望能找到一个实现既定投入条件下的“产出”最大量，或者实现既定“产出”条件下最小投入的最优办学要素组合，以此指导我们在实践中不断向这一最优点靠近。

1．既定“投入”条件下的“产出”最大化

我们继续按职教集团办学要素的两大类，即“人力资本”类和“教育环境”类进行分析。集团用于购买这两大类的全部投入 C 是既定的。如果学校要以既定的投入获得最大的产出，那么，它应该如何选择最优的“人力资本”类要素投入量和“教育环境”类要素投入量的组合呢？ 按照西方经济学理论，把集团的等产出曲线和相应的等投入曲线画在同一个平面坐标系中，就可以确定学校在既定投入下实现最大产出的最优要素组合点（如图 5.3 所示），限于篇幅，本文不作详细论述。

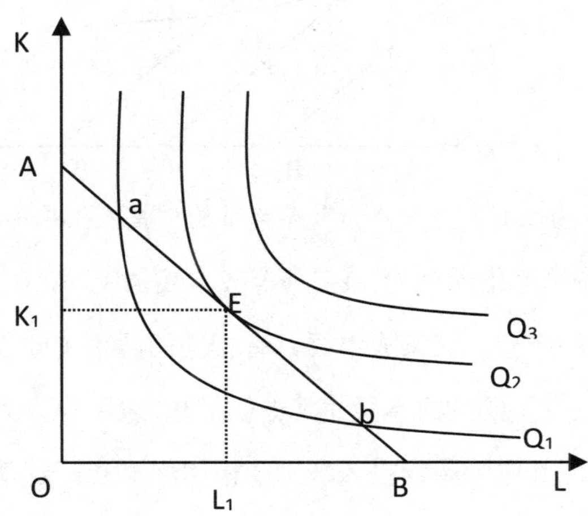

图 5.3 既定投入条件下产出最大的要素组合

AB 为等投入线，Q1、 Q2、 Q3 为等产出线，等投入线 AB 的位置和斜率决定于既定的成本量 C 和既定的已知两要素的价格比例为-w/r。由图中可见，唯一的等成本线 AB 与其中一条等产出线 Q2 相切于 E 点，该点就是办学的均衡点。它表示：在既定投入条件下，学校应该按照 E 点的办学要素组合进行教学，即“人力资本”类要素投入量和“教育环境”类要素投入量分别为 OL1 和 OK1，这样，学校就会获得最大的产出。

2. 既定“产出”条件下的“投入”最小化

在既定的“产出”条件下，学校可以实现最小的“投入”（如图 5.4 所示）。

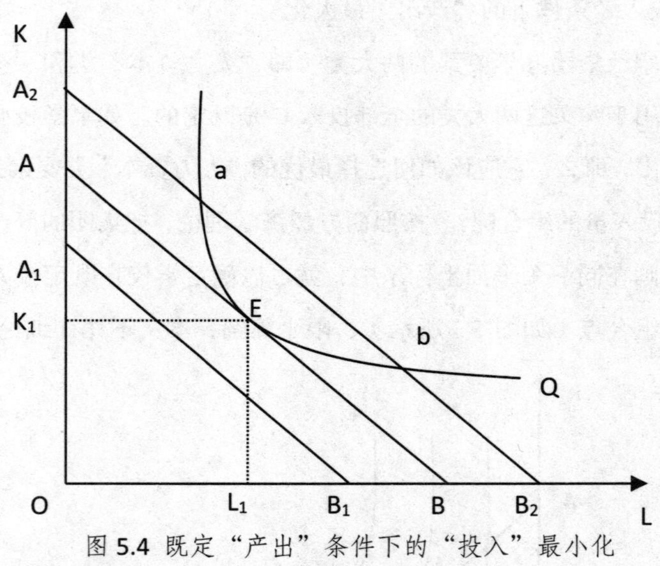

图 5.4 既定“产出”条件下的“投入”最小化

图 5.4 中有一条等产出曲线 Q 和三条等成本线 AB、A1B1、A2B2。唯一的等产出曲线 Q 代表既定的产量。三条成本线具有相同的斜率（即表示两大类的价格比是既定的），但代表三个不同的成本量，其中，A2B2 表示投入大，A1B1 表示投入小。唯一的等产出线 Q 与其中一条等投入线 AB 相切于 E 点，这就是办学的均衡点或最优要素组合点。它表示：在既定的产出条件下，学校应该选择 E 点的两大类投入组合（OL1，OK1），才能实现最小的成本。

（二）职教集团办学要素之间进行优化的特点

在西方经济学中，无差异曲线的形状表明在维持效用水平不变的前提下，一种商品对另一种商品的替代程度。一般情况下，边际替代率递减规律决定的无差异曲线的形状是凸向原点的，两个极端情况是完全替代品和完全互补品的无差异曲线分别是直线和折线（如图 5.5 所示）。

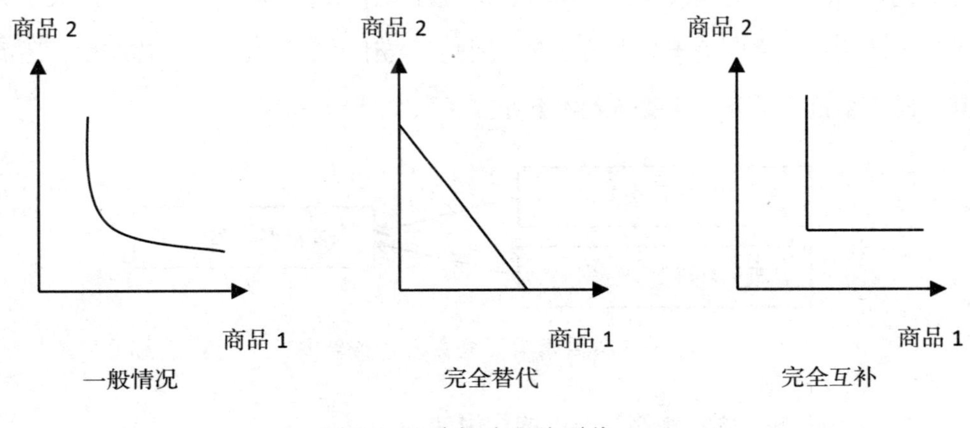

图 5.5　无差异曲线的形状

职教集团办学要素之间的替代关系具有西方经济学中描述的一般特点，同时也具有自己的特点：一是职教集团保留“正式编制”教师这一岗位模式，这使得在“人力资本”类要素投入量中，不随产出效果变动而变动的固定工资始终存在，奖金和超工作量报酬只是较少一部分，很难把有正式编制的教师作为可以被替代的要素；二是职业教育中教师传授知识和手把手的技能演示等教学过程，有时不可能由其他教师或追加物质要素来替代；三是“双师型”教师和技能实训是职教集团的两个重要特点，“双师型”教师采用内部培养和外部聘用两种，技能实训采用内建实训室和到外单位实训两种，“理论”与“技能”在一定范围内具有很强的互补性。这也决定了在要素的替代方面有很强的可操作性，存在着很大的优化空间。

（三）办学要素间优化的一般对策

由于办学要素所固有的特点，职教集团进行办学要素优化时，需要从集团的实际情况出发，实施优化对策。

1．要素优化必须围绕既定目标

有一个物理名词叫“合力（total force）”。一个力，如果它产生的效果与几个力共同作用时产生的效果相同，那么这个力就叫作几个力的合力。合力的大小取决于分力的大小，更取决于分力的方向。因此，要让办学要素充分发挥作用，还需使其为同一个目标服务，这就是人才培养方案（如图 5.6 所示）。

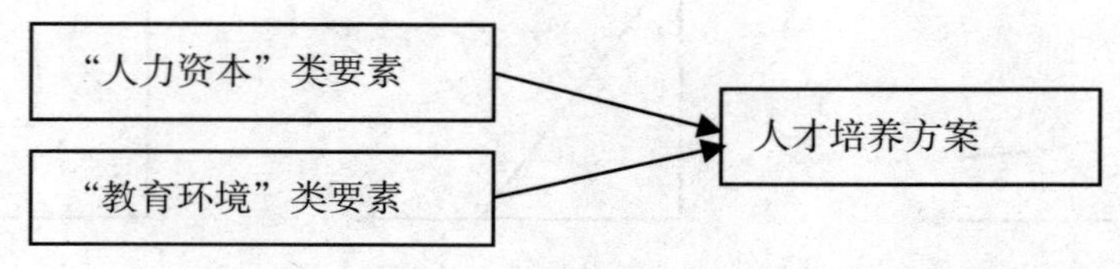

图 5.6 要素需要服务人才培养方案

2．充分发挥“固定编制”教师的作用

“固定编制”是我国高校岗位设置的一个普遍特点，有其一定的历史和社会背景，在此不作论述。为了适应当前的情况，调动学校内部资源，优化要素配置，需充分发挥教师的作用。一是将适合教学的非教学人员转到教学岗位上；二是增加工作量不充分的教师的工作量。这样一方面可以代替外聘教师或减少其他教师的工作量，另一方面也可以减少部分“教育环境”类要素的投入，如人工可以实施的管理工作，就不用再进行管理信息系统的投入。

3．充分发挥“专家”型教师的作用

这里所说的“专家”型教师是指职教集团独有的，由院校专任教师和企业专家组成的专任教师。在进行办学要素优化时，要充分考虑这一特点，追加“教育环境”类要素的投入。可以从以下两方面着手：一是用“教育环境”类要素来代替这部分专任教师的一般性劳动，如引进便捷的课件制作软件、人性化的教学工作等；二是

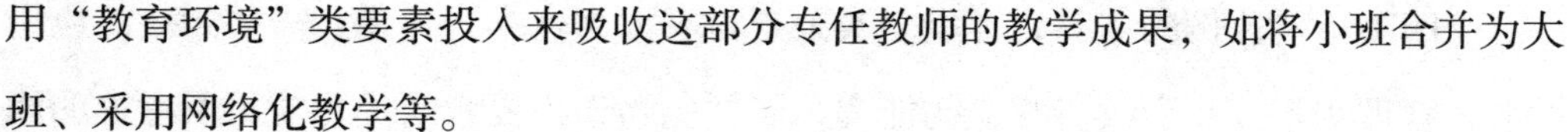

用“教育环境”类要素投入来吸收这部分专任教师的教学成果，如将小班合并为大班、采用网络化教学等。

4. 平衡“理论”与“技能”的关系

职教集团培养的学生既要有一定的理论基础，又要有较强的动手能力，从目前的培养目标来看，学生需要达到既定的“理论与技能标准分”。学生可以通过教师授课、观摩实训教师现场操作等学校投入的“人力资本”类要素来获取，也可以利用网络教学资源、参加操作训练、查阅图书资料等学校投入的“教育环境”类要素来获取。这就需要对“人力资本”类要素的投入价格与“教育环境”类要素的投入价格进行计算，按照前面论述的既定“投入”条件下的“产出”最大化或者既定“产出”条件下的“投入”最小化的方法进行优化。

三、职教集团办学要素优化的注意事项

（一）办学要素替代应当控制在“合意”的比例范围。这里“合意”的比例包括合意的生师比、生均用房、生均图书、生均仪器等，由于各专业的教学目标、课程、学生能力、教师水平等都存在差别，所以不可能制订出一种通用的最优比例。美国经济学家赫伯特·西蒙的“令人满意的”标准对“合意”的比例具有良好的指导作用。所以在追求办学要素最优组合的过程中，应当把要素间的比例控制在“合意”的比例范围内。

（二）先进的教学设备、网络化的课程资源不是万能的。先进的教学设备、网络化的课程资源可以在一定限度之内替代教师的部分劳动，它们固然重要，却不能代替师生间的思想感情交流、潜移默化的影响，以及教与学的相互促进。

（三）不能忽视长远的教学效果。虽然在短期内用某一些“教育环境”类要素来代替“人力资本”类要素，能够提高教学效果（或至少持平），降低办学要素投入成本，但从长远来看，既定的“教育环境”类要素不会始终保持前沿理论和最新的操作技能。

（四）不同比例的“教育环境”类要素与“人力资本”类要素需要相应的应用技术、管理水平。是否具备相应的能力，同样应当作为要素间优化需重点考虑的因素。

第三节 构建多赢合作机制，优化职教集团办学要素

机制原指机器的构造和运作原理，后演绎为一个工作系统的组织或部分之间相互作用的过程和方式。对于职教集团来说，它的关键点在于，机制是职教组织内部关系和运作的有效方式，机制创新带来的是职教集团的生命力与活力。职教集团的机制可包括组织机制、执行机制和监督反馈机制。

组织机制是指根据职教集团的性质和结构特点，建立能充分发挥集团功能的组织管理结构、组织管理制度。它不仅要优化设计组织管理结构，理顺内部关系，更要通过组织制度规范职教集团各成员的行为，理清各成员的责、权、利，组织制定集团的发展目标与发展策略等。

执行机制是职教集团办学目标顺利实现的保证。根据职教集团目标，它包括成员协调机制、经费核算机制、共同发展投资机制、风险分担机制、动力机制、双向互动用人机制、合作育人机制、合作教学机制等。

监督反馈机制是指对职教集团阶段目标与实施过程进行过程监控主要包括检查机制、审计机制、奖励与惩罚机制。它是提高职教集团人才培养质量，增强其自我发展、自我约束能力，实现集团发展目标的关键。

一、建立互惠互利的动力机制

（一）挖掘职教集团合作各方的内在动力

改革凭借“关系”维系的校企合作形式，确定合作各方的责任和义务，明确合作的基础、目的和原则。学校为企业提供人才支持，参与企业技术研发、员工培训、咨询指导，帮助推广企业品牌和企业文化；企业为学生提供实习、就业岗位，参与

学校实践教学和设备、设施的提供，参与人才培养方案建设和课程体系改革。合作各方按照“共建、共享、共赢”的原则建设职教集团，切实实现“互惠、互利、互动”的建设目标。

（二）寻求持续不断的外部推动力

建立以职教集团理事会为主导的校企合作管理体系，充分调动集团里政府、行业、企业和学校各方资源，发挥理事会管理优势、资源调控优势，指导和协调集团内各方的合作有序进行，确保各方目标的实现。制定完善的职教集团规章、制度和章程，建立校企合作的评价和激励机制，建设完善的评价体系和评价标准，对校企合作成果展开有序评估，保护和激励各方参与合作的积极性，并对校企之间的合作进行深入指导。

二、建立院校和企业为主体的组织机制

在职教集团理事会的统一领导协调下，成立相关委员会，以指导学校办学方向、专业建设、课程开发、技术研发、技术指导和咨询培训等工作。

（一）成立由学校教学部门负责人、专业带头人和企业技术与管理人员等组成的专业指导委员会。根据产业调整升级对社会人才需求的质和量的变化，合理设置和调整专业方向，使专业人才培养方向与市场需求对接；对专业服务的岗位和岗位群进行分析，确定岗位所需要的知识、能力和素质，并据此共同开发课程，确定教学内容、教学方法和教学手段；针对社会需求有针对性地开展就业指导和继续教育，等等。

（二）成立由学校实训部门负责人、实训教师和企业人力资源负责人和企业技术能手共同组成的实践教学工作委员会。根据人才培养的目标确定实践教学的要求和内容安排，制订实践教学指导方案。校企共同制订实践教学管理和评价办法，共同组织实施。

（三）成立由学校分管教学领导、分院院长、人事处长和企业人力资源负责人和技术骨干组成的师资队伍建设委员会。根据教育教学的需要，制订师资队伍建设规划、师资培训计划和培训方式，以及师资考核评价办法等。

（四）成立由学校分管科研领导、分院院长、骨干教师和企业人力资源负责人和技术骨干组成的科研技术服务委员会。根据企业发展需要，合作开展技术研发、技术推广和运用等工作，根据企业需要开展技术咨询，为企业开展继续教育等。

三、探索高效有序的执行机制

组建职教集团的目的就是共享资源，共同发展。因此，建立职教集团互惠互利的合作机制，协调有效的调控机制和保障机制，打破部门、地区界限，将分散的资源加以整合，通过共建共享实训基地、共建共享人才资源、共建共享特色专业和优质教学资源、共同开展技术研发和技术服务等活动，才能从根本上实现办学要素的优化，推进职教集团稳步发展。

（一）实习实训基地共建共用，人才共育。学校按照多元主体建设校内生产性实训基地，实行企业化管理模式，由二级院管理或与企业合作共管，建立校中厂，校企共建、共用、共管。尝试“厂中校”，职教集团的成员企业都是职业院校的校外实习实训基地，企业有义务接收成员院校的学生实习实训，探索人才共育、过程共管、责任共担、利益共享的合作模式。

（二）集团内部师资互培互聘，教学资源共享。加强集团内部职业院校教师队伍的培养，建立校企共同培养、互相聘用的专兼职结合的师资队伍。职业院校要建立专业教师下企业制度，利用专业教师扎实的理论知识参与企业技术服务、技术指导工作，同时提高教师的实践能力。成员企业里的技术能手、行业专家也要承担学校的实践教学任务，建立相对稳定、校企共培互聘的兼职教师队伍。

（三）形成校企合作教学模式，推进双主体育人。坚持“学中做、做中学”的教学原则，强化学生综合职业能力的培养。推行课程教学改革，使课程体系、教学内容、教学方法形成有机整体，将理论知识融于实践教学之中，实现“理解”与“会做”之间的协调统一。完善教学评价体系，由期末考试改为过程考核，使过程评价更加科学合理。大力推行行业企业专家教授实践技能课程的制度，使培养目标、教

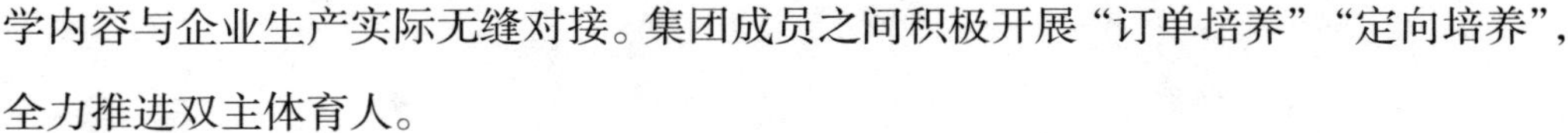

学内容与企业生产实际无缝对接。集团成员之间积极开展“订单培养”“定向培养”，全力推进双主体育人。

四、完善职教集团的监督反馈机制

校企合作共同制订人才培养质量评价标准，建立以学生综合职业能力为核心的质量评价体系，重点考查集团内职业院校主要专业毕业生的双证书获取率、就业率、专业对口率和满意率等指标。校企合作制订相关专业技能抽查标准，以此提高学生综合职业素养，形成校企合作推进毕业生就业的长效机制，逐步提高集团内职业院校毕业生的就业率和就业质量。

第六章　职业教育集团化办学的体制与机制研究

在本章中，我们将通过对职业教育集团化办学的体制与机制的诸方面进行深入分析，来确定职业教育集团在当前政策与环境下的操作模式以及具体管理方式。

第一节　职业教育集团化办学的体制研究

“体制”，从管理学角度来说，指的是国家机关、企事业单位的机构设置和管理权限划分及其相应关系的制度。体制是国家基本制度的重要体现形式，它为基本制度服务。基本制度具有相对稳定性和单一性，而体制则具有多样性和灵活性。而从历史唯物主义角度来说，体制是联系社会有机体三大子系统——生产力、生产关系和上层建筑之间的结合点，是三者之间相互联系、发生作用的桥梁和纽带。

一、职教集团的宏观管理体制

为加快推进集团化办学的建设步伐，保障职教集团化办学得以顺利运行，必须建立一个与我国市场经济体制相适应的确保职教集团高效率运作的政府宏观调控、市场有限调节、社会广泛参与、集团自主办学的宏观管理体制。在宏观管理体制方面，要重点完善组织与管理的三种实现形式。

（一）完善政府宏观调控的实现形式

从宏观调控的视角分析，在市场经济条件下，政府对职教集团化办学的组织与管理，主要起到统筹、协调和宏观调控的作用。政府对于职教集团化办学的宏观管理主要体现在建立科学合理的管理制度框架，科学决策，完善制度建设，为集团化办学提供有力的政策支持和创造良好的发展环境。在完善政府宏观调控的过程中，就政府本身而言：一要不断深化管理体制的改革。理顺政府对集团化办学起主导地位的管理职能，打破职业教育办学条块分割、管理功能分散的格局，为职教集团化办学扫清政策和体制上的一些障碍。二要不断强化宏观管理的职能。突出政府的主导功能，从集团化办学“一盘棋”的视角，通盘考虑全局、超前谋划思路、科学应用方法、合理调配资源、密切关注进展、注重管理实效，循序推进工作。三要不断完善政策制度的保障。要更多地出台支持和鼓励集团化办学的相关政策与制度，利用评估、投资、拨款、税收政策、购买教育与培训等多元杠杆，支持职教集团的运作，并协调集团的各方利益，引导集团化办学的发展方向。四要不断提高服务社会的功能。通过创设环境、搭建平台、提供信息等方式，引导职教集团面向市场，搞活机制，自主办学。

（二）完善市场有限调节的实现形式

从有限调节的视角分析，在市场经济体制下，市场机制是资源配置的一种重要手段和主要方式。就教育的公益性与职业教育的职业性和实践性、同市场机制的联系而言，用市场机制的多元杠杆，优化职业教育的资源配置，是职教管理体制深化改革的目的之一。就集团化办学引入市场机制而言，用目前职教研究相关专家的概述，完善其有限调节的实现形式，主要体现在以下三个方面：一是建立多元投资办学体制；二是形成多样化的职业教育服务产业；三是通过转制、改制实现职业教育资源重组。就建立多元投资办学体制而言，建立与市场经济条件下与融资体制相适应的多渠道筹资，尤其是更多地调动行业企业的资金有限介入职教集团化办学的投入体制，将较有效地缓解目前地方政府对职业教育，特别是对行业所办高职院校资金投入不足的问题。当然，强调职教集团化办学引入市场机制和市场有限调节，并不等于职教集团化办学的全盘市场化。出于稳步推进改革发展的策略需要，市场有限介入职教集团化办学需要政府在政策层面加以调控和引导，建立并完善配套的监控、约束及审计制度，并加大政策执行力度。

（三）完善社会广泛参与的实现形式

从社会广泛参与的视角分析，在政府职能转变后，社会其他组织必须承担起政府在职能转变中分离出来的部分公共管理职能。因为充分发挥社会相关团体，包括商会、行业协会以及中介组织的管理参与作用，不仅可以加强政府和公民之间的对话，建立良好的沟通、协调机制，而且通过多元化治理模式的改革，可以大大节省政府成本，提高政府工作效率。当然，强调社会广泛参与职教集团化办学的管理，首先要强化社会中介机构的建设。这种中介组织包括非政府或事业性的咨询研究机构、教育评估机构、学生就业指导和职业介绍机构等。其次，要充分发挥社会中介机构的作用。包括为职教集团化办学运作提供理论指导和决策依据，为职教集团的发展战略与决策、人才培养模式与策略、专业设置与课程改革等提供咨询和引导，对职教集团的办学效益和质量进行评估和认证等。另外，要明确社会中介机构对集团化办学的指导职能，社会中介组织可通过信息传递的方式，加强政府、社会及职教集团成员单位的联系，以真正达到职教集团化办学社会广泛参与管理的目的。

二、职教集团的内部管理体制

这是职教集团管理体制研究的核心内容。在职教集团内部建立科学的、符合集团化办学客观要求的内部纵向分权和横向分工、决策权限、隶属关系、机构设置、调控机制、监督方法明确的结构体系、组织制度和利益协调规则，可较好地体现职教集团多元主体的多元利益。从以上这些方面，对现有职教集团内部管理体制的分析情况来看，我国职教集团内部管理体制的不断完善，重点要在“完整、优化、合理”等三个方面加以突破。

（一）组织制度的设计要“完整”

组织制度是职教集团建设与发展的规范力量，是支配职教集团运行的基本规则和行动框架，是体现职教集团创新思想和整合集团化办学资源的中介和桥梁。这一制度设计重点包括观念创新、规则清晰、组织完善。

1. 观念创新是职教集团组织制度设计的先导。即建立职教集团成员单位共同的愿景，包括集团发展的理想、理念、目标等，形成独特的集团文化，构建引导集团发展的核心价值。将集团成员单位在思想和行动上统一起来，增强集团的凝聚力和战斗力，提升集团的核心竞争力。

2. 规则清晰是职教集团组织制度设计的核心。即建立必须为成员单位共同认可的职教集团章程，明确集团各成员单位的权利和义务，并以契约的方式明确集团各成员单位之间的合作内容、职能分工及利益分配。通过对集团成员单位之间矛盾和分歧的解决程序与途径的设计，增强集团成员对合作结果的可预知性，并减少合作的不确定性。

3. 组织完善是职教集团组织制度设计的关键。即建立集中统一和民主协商的领导和决策机构，以承载整个集团的领导、决策和运营等功能；建立保证集团质量标准统一实施的执行机构和面向市场的教育产品研发机构等。

（二）管理模式的设计要“优化”

有效的管理模式和组织结构，以及有效的治理结构对于职教集团功能的最终实现有着决定性的作用。就目前上海创立的行业性和区域性两类职教集团组织结构的情况来看，似乎所有的职教集团均采用“一会(理事会)和三系统(执行系统、监督系统、反馈系统)”的管理模式。这一职教集团治理结构的构建，客观的评述，基本符合上海推进职教集团化办学的现实条件。但就本市职教集团成员单位的结合程度而言，职教集团的管理模式或治理结构的设计还是需要不断地优化，并力求使本市职教集团的组织结构或管理模式呈多样性或系统化的格局。包括职教集团的组织结构由理事会逐步向董事会过渡，治理结构由松散型逐步向紧密型过渡。尤其在职教集团组织结构优化的设计上，要充分兼顾职教集团由若干职业院校、行业企业和其他组织组成，以及管理层次的增多将带来管理关系的复杂化和管理协调难度增加等方面因素，因此，在组织结构再造过程中，要不断向管理层级的扁平化、内部组织的团体化、组织关系的网络化、组织结构的柔性化靠拢，以不断提高职教集团管理的有效性。

（三）权利与义务的设计要“合理”

借鉴集团化办学现有的研究成果，在职教集团内部，成员单位享有权利和履行义务统一是实现集团内部管理的重要手段。首先，成员单位享有的权利在很大程度上构成成员单位加入集团的理由，对于成员单位有着特定的吸引力，同时权利也具有排他性，即非集团成员单位不能享有此权利。其次，权利和义务具有对等性，在享有权利的同时必须履行相应的义务。成员履行相应的义务是为了维护集团的共同利益，进而保障权利的顺利实现和如愿享有。这种基于风险共担、利益共享的集团间的成员关系，会促使集团成员单位之间形成相互监督、相互制约的机制。

就我国已建立的职教集团而言，其章程或契约规定的成员单位的权利与义务，其合理性仍需要不断地加以优化与完善。其优化与完善的重点是：

1. 权利和义务的范围和内容要尽可能具体，避免笼统、含糊，对于职业院校、行业企业和其他成员单位的权利和义务应该分别规定。

2. 享有的权利应抓住各成员单位的利益关注点，对成员单位具有特定的吸引力，如校企合作各方从中可以获得的资源等，义务应切实可行。

3. 对于不能履行义务的行为应承担相应的责任，促使成员单位之间形成相互监督、相互制约的机制。

第二节　职教集团运行机制研究

职教集团运行机制，重点讲的是“运行机制”，英译“operation mechanism；operational mechanism”，在学术文献中较普遍的解释是指“一定机体内各构成要素之间相互联系和作用的制约关系及其功能，在机制整体运行中，所构成的各要素之间的配置方式以及调节功能不同，则运行机制的运行过程和特点就不同”。人们通常会问：职业教育集团该怎样运行才能减少或避免可能存在的问题呢？尽管这是一个难以作答的命题，但是笔者还是觉得应该努力尝试，这种尝试带有一定的理想色彩。

而职教集团的运行机制，主要是指控制职教集团活动方向和效果的所有要素及其工作原理。从国内外集团化办学的经验来看，集团化办学的活力需要市场驱动、市场运作，通过市场无形的手才能确保其生存和发展的活力。它是为保证组织功能的顺利实施而进行的制度设计、决策选择、流程规划等。对于职业教育集团来说，我们需要综合考虑其作为一个具备非法人组织性质及教育组织机构的特征，从多方面要素角度设计职业教育集团的运行模式。同时，需要政府有形的手来宏观调控，才能确保集团化办学的均衡发展和有序竞争。就运行机制而言，要确保职教集团的可持续发展，需要一系列条件加以保障。在各种保障条件中，借鉴已有的理论研究成果，最核心的是三大保障机制的建立和运行包括职教集团协调机制、职教集团激励机制和职教集团监控机制。这三种保障机制是集团化办学顺利开展的必要条件。就目前我国职教集团的运作情况来看，完善职教集团的运行机制，重点要在“有效性”上加以突破。

一、不断完善职教集团协调机制的有效性

这一协调机制的有效性，突出的是以动力机制作为因变量，将各方的权利、责任、义务作为自变量，通过因变量与自变量的相互作用，不断完善集团化办学的协调机制，以达到有效控制职教集团活动方向和效果的目的。职教集团协调机制的有效性，重点要考虑的是利益相关主体在集团化办学中的功能作用。

（一）政府层面

需要通过政府制定职教集团的相关政策和规定来明确各方职责。地方的职教集团发展需要地方政府从战略高度充分把握教育与产业的发展趋势，制定职教集团化办学体系、结构的整体规划和发展策略，提供纵向分层、横向分类的构建思路和管理网络，并根据行业和区域经济发展的特点，统筹规划行业和区域内职教集团的规模、类型与格局，有组织、分步骤、有目标地对职教集团化办学进行试点和推广。同时，政府应成为教育主管部门与行业、职教集团与行业、职教集团与集团外社会组织、职教集团内成员间利益的公正协调者和仲裁者。在明确职教集团的属性，以及政府、教育行政、行业、企业和职业院校在集团化办学中的权利与义务基础上，重视发挥政府的市场配置功能，突出行业协调教育与产业、产业与职教集团、职教集团内企业和院校之间关系的主体功能，减少政府对职教集团内部运行的直接参与和干预作用。政府应授予或让渡行业、职教集团某些行政职能，以及职教集团相对于集团成员单位的部分公共管理权，通过赋予社会公共责任、公共权利的强制力，加强行业和集团内各方的约束。

（二）行业层面

职教集团需要通过行业发挥中介功能来规范办学和监督办学质量。可通过地方立法，规定行业对集团化办学中企业深度参与应发挥出来的产教结合优势的主体功能，借鉴现有理论研究成果，其基本要求为：

1. 行业负责制订行业职教集团发展规划的基本框架，主导制订行业专业人才的分类标准、岗位资格标准等。

2. 职教集团的管理均应有来自企业第一线的资深专家直接参与。

3. 应以行业为主体建立集团内院校专业教师到企业工作，企业资深人员或能工巧匠到院校任兼职教师的交流机制。

4. 建立企业职工培训，实行行业制订培训计划、集团实施培训、政府监督新机制，提高职教集团资源整合和利用的效率。同时，行业通过职教集团帮助院校在企业建设实训基地、接纳学生实习等方式配合院校开展实践教学和拓展实训基地资源。

5. 行业参与集团内院校的教学质量评估，提供动态的岗位需求信息、经济和技术发展信息、企业员工的培训计划信息，并对职教集团提出具体的要求和建议等。

（三）集团层面

职教集团内部需要增强凝聚力以共同提升集团化办学实力。要促使其凝聚力有量、质、度的变化，其基本要求为：

1. 在实施集团化办学体制变革过程中，职教集团本身要理性统筹协调集团内行业、企业、职业院校和其他组织多元化的发展要素，以促进职业教育的集约化和可持续发展。在职教集团组建和运作中，应规避那些条件不具备或不成熟的敏感问题，努力寻找彼此利益和兴趣的重合点或共同点，在兼容、务实、渐进和妥协中保持职教集团内长期、可持续的合作，增强内部凝聚力和竞争力。

2．在不断完善职教集团制度建设过程中，逐步建立制度约束弹性化的机制。在进行职教集团的宏观决策时，既要充分发挥集团的整合作用，又要为集团成员单位提供必要的自由空间。要充分顾及各成员单位的利益和意志，不能用简单的多数来解决一切问题。在不同的政策领域分别实行不同的决策程序，并分别采用资格多数、一致赞同或简单多数的表决方法。有些涉及各方利益的重大问题，最好遵循协商一致的原则予以解决。

3．在不断完善职教集团运作机制过程中，逐步建立分权类型多样化的机制。在集团管理中，除立法或政府授予集团以及集团成员单位让渡的公共权力以外，实行有限垂直分权。职教集团的分权应符合“集团负责战略制定，成员单位享有实施权，决策与实施相分离”的管理要求，既有利于统筹规划集团的发展，又有助于调动成员单位的积极性。在集权、分权中，集团应根据调控的要求，采取互相协调、标准化与协作相结合的调控手段。以创造、创新为主的工作，需要的是合作攻关与相互协调，不适合采用管理标准化，因此需要分权；而以提高效率为目的的工作程序必须标准化，故无须分权。

二、不断完善职教集团激励机制的有效性

发展职业教育集团，必须在其运行模式中引入激励与竞争机制，这是保持职业教育集团活力的重要保证。在职业教育集团发展的初期，可能以政府的支持以及集团内部依靠某种方式推出相应的集团牵头单位。随着职业教育集团的进一步发展和职业教育集团相关管理机制的完善，在集团内部引入竞争机制，是保证集团活力的重要手段。职业教育集团的激励竞争机制主要在以下几个方面加以实现：一是组织成员之间在一定的竞争框架之下，对集团内部的有关权利分配用一定的竞争选择方

式进行再分配。在职业教育集团成立之初，各个成员在集团中的地位和功能是不一样的，所能享受到的相应资源也存在差异，通过竞争机制，重新调整权利和利益的分配格局，可保持组织的活力。二是教育行政主管部门应该针对职业教育集团的组织松散特征，为其制订系列的外部激励措施，提供更理想的运行条件。

这一激励机制的有效性，与协调机制一样，突出的是以动力机制为条件，通过动力机制的作用来完善激励机制，以此达到有效控制职教集团活动方向和效果的目的。目前我国职业教育资源的市场配置法规尚未健全，职教集团内部在短期内很难具备完整的产权界定条件，以这一现实背景为基础，可借鉴现有的理论研究成果，或者说从投入的多元化和运作的市场化切入，来拓展职教集团的发展空间，优化职教集团的资源配置，并力求在现有条件下创造性地激活职教集团的激励机制。

（一）探索职教集团的多元化投入，拓展集团化办学的发展空间

从加强职教集团建设的视角分析，建立多元化的投入体系，比较可行的路径可设计为：

1. 以教育附加或教育专项的形式，建立职教集团发展的政府基金。在职教集团化办学发展初期，职教集团发展基金主要用于职教集团化办学体系的形成；在职教集团发展过程中，逐步改变向院校分散投入的方式，采取向集团集中投入的财政支持方式。以职教集团为载体，通过政府基金投入进一步促进职业教育的公平性，缓解区域发展的差异性，体现重点扶持或具有战略目标的行业发展的优先性，驱动职教资源优化配置程度与行业（区域）发展程度和对经济增长贡献度的一致性。职教集团发展基金投入可作为政府购买职教集团教育服务的一种试点。

2. 试点建立职业教育成本行业（企业）分担制度。以职业教育对行业支持程度为依据，以企业员工工资总额为基础，建立企业合理分担职业教育成本的制度，并按照一定比例形成行业职教集团发展基金和企业职业教育基金。行业职教集团发展基金的较大部分应重点投入行业职教集团的办学；企业职业教育基金主要用于承担企业所在的职教集团的办学等。同时，采取税收调节或税收转移支付等措施，鼓励

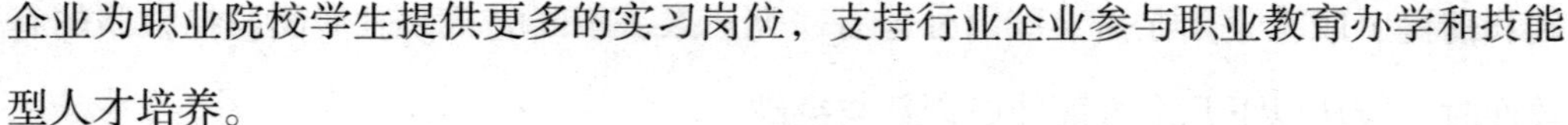

企业为职业院校学生提供更多的实习岗位，支持行业企业参与职业教育办学和技能型人才培养。

3．拓展职业教育市场化融资渠道。职教集团化办学可借鉴企业发展战略，通过教育资本市场融资，筹集集团进一步发展所需的资金等。

（二）探索职教集团的市场化运作，优化集团化办学的资源配置

鉴于我国职教资源市场配置的法规尚未健全的现实，从市场运作的角度考虑，可借鉴市场运作的交换技术，优化集团化办学的资源配置。其建设路径可设计为：

1．向社会提供优质的职业教育服务，是职教集团实现市场交换的核心资源。职教集团应建立以市场需求为导向的评判机制，使集团的教育教学质量、服务质量得到社会的认可。职教集团应在政府宏观指导下，紧贴市场、走向市场，准确把握市场脉搏，增强教育的前瞻性，选择发展的最佳时机。

2．在职教集团的发展过程中，要把握集团成员之间统与分的度。其中，共享是基础，共赢是目标。不同紧密程度的职教集团，应体现出不同的要求，并统筹兼顾集团的局部利益和整体利益，以确保集团各成员单位的共赢。

3．职教集团必须进行教育成本核算。一要引入市场经济成本核算的手段来降低职教集团办学成本；二要采取人才交流、专利加盟、项目合作、资产注入等不同途径和方式，分散决策校企合作中产生的产权界定、产权交换和成果占有等经济问题，寻求集团内教育资源最佳配置的方法；三要积极探索职业教育与产业接轨的模式以及运作过程中的利益分配机制创新，真正实现集团内部利益共享、风险共担。

4．不断完善集团内资源共享的交换规则。在集团内可建立院校有偿使用企业实习实训的岗位和场地的制度，还可以对一些闲置的设备和场地进行整合或重新配置，在集团内进行等价交换等。

三、不断完善职教集团监控机制的有效性

这一监控机制的有效性，突出关注的是职教集团的办学效益和办学质量。因为效益是对职教集团化办学数量与质量、功效与价值的评价，质量则是评价效益的基

础和前提。职教集团在借鉴国内外已有研究成果，不断完善职教集团监控机制的有效性时，应从以下几个方面加以创新与突破。

（一）进一步确立发展职教集团的效益目标

就政府层面而言，其目标为：构建地方职教集团化办学体系，使职业教育发展更有效地适应劳动力市场人才供求变动规律，实现人才总供给与总需求的基本平衡。就集团化办学行为主体而言，其目标为：理顺职教集团的治理结构，使其符合产业结构调整的客观要求和区域经济发展战略，在更大范围内对职业教育现有的办学资源与要素进行合理配置与利用，按市场需求统一规划、合理分工，突出专业化、规模经济和比较优势。就职教集团自身而言，其目标为：依靠集团核心院校专业建设优势、品牌辐射能力和资源调整能力，以及集团核心企业对教育资源的流动重组能力、加速集团发展的支撑能力等，充分发挥各办学资源和要素的办学潜力和组合效应，优化配置集团内部人、财、物的资源，以最小的投入获得最大的产出，最终实现集团的整体利益，并达到职业教育发展的目的。

（二）进一步完善职教集团的质量监控体系

1．积极探索职教集团的质量监控模式

借鉴国内外已有研究成果，职教集团的外部监控模式要符合政府职能转变的改革方向，实行“政事分开”，政府集中精力做好政策性工作和法规建设。在宏观层面，要不断完善职业准入制度和职业资格制度，制定职教集团办学质量最低标准，建立职教集团办学质量认证制度或绩效评价制度。在中观层面，由行业制定明确的行业标准和质量标准细则，构筑具有行业特色的职教集团的质量保证体系；行业对职教集团进行办学条件、实施方案等方面的可行性、时效性论证，为政府审批提供决策依据。

2．积极探索与国际 ISO 标准接轨的认证体系

严格职教集团的管理程序，并强化过程管理，推动一批具备条件的职教集团通过认证，从而形成与国际接轨的管理模式，切实提高本市职教集团的办学质量，实

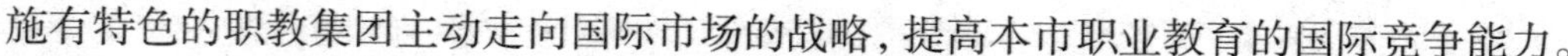

施有特色的职教集团主动走向国际市场的战略，提高本市职业教育的国际竞争能力。

3．积极探索符合集团化办学要求的监控手段和监控要素

政府对职教集团的各种教育拨款可以与集团办学质量与效益直接挂钩；把对职教集团的部分监控职能，授权或委托给行业协会和评估中介组织来承担；发挥社会的监督作用。如继续推行“双证书”制度，引进国家职业技能标准测试，建立有关课程的社会或行业的统一水平测试，建立用人单位人才质量信息反馈系统，对教学质量进行监控；坚持集团化办学的社会公益性价值导向，建立社会多元化的评价机制。

（三）进一步完善职教集团内部的全面质量管理

职教集团要重视教育质量的产出性评价，实行职教集团内部的全面质量管理。在实施过程中，要突出质量监控的重点，如表 6.1 所示：

表6.1　职教集团质量监控点

序号	监控点
1	是否确立集团中长期发展战略，明确发展方向
2	是否制订质量方针和可测目标，并为成员单位认可
3	是否建立以市场需求为驱动的教育服务系统，按行业、企业和学习者的要求进行课程开发与评价
4	是否提供保障质量所需的资源，包括开发顺应集团发展需要的人力资源，提供和维护实现产品所需要的基础设施与工作环境
5	是否建立有效的教育管理、信息管理和资金管理程序来保障教育服务的供给，并建立有效的人才需求预测和预警系统
6	是否有效地组织各种教学活动，并通过资格认证等手段确认学习成果
7	是否注重对办学质量的过程管理和适时评估，实施督导、反馈和奖惩制度

第三节 基于集团内部中高职衔接的人才培养方案

构建职教集团的目的主要在于共享教育资源，促进职业教育协调发展，以构建现代职业教育体系。现阶段构建职业教育集团，中职与高职的紧密衔接显得尤为重要。而制订基于中、高职衔接的人才培养方案是实现职业教育集团化的关键。本节将以会计专业为例，分析在高职教育集团化办学中如何制订中、高职衔接的人才培养方案。

一、目前中、高职人才培养方案存在的问题

（一）中职的培养目标混乱

笔者对收集到的中职学校的会计专业人才培养方案进行了归纳分析，发现大部分中职学校的培养目标混乱，教育分工无序。有的学校把学生的培养目标仅定位于就业，教师在教学的过程中注重技能训练，对所教知识点到为止。也有一些学校，把升学率作为自己学校的培养目标，不教理论知识，只教考试技巧，使得学生对知识一知半解，影响了其升学后对知识的掌握。

此外，部分中职学校在确定培养目标时定位过高。

有些中职学校的会计专业甚至在教学计划中规定，学生毕业后能在大中型企事业单位、会计师事务所从事财务管理、审计等工作。

而对于目前大部分高职院校来说，在制订人才培养方案的时候也没有考虑到与中职衔接的问题，导致两个层次之间的培养目标出现覆盖或断层的现象。

（二）中、高职学生技能倒挂

中职学校的会计专业在实践教学方面经过长期积累，有一定的经验，注重培养学生的动手操作能力。而高职院校往往忽略了一些基本操作技能的培养。如点钞、珠算等能力，高职学生往往不如中职学生熟练。

（三）中、高职教学内容重复

笔者比较了部分中、高职的教学计划，发现中职学校的课程在高职教育中都会出现。高职教师反映，招收的中职学生，其专业课程都学过，以前学得似懂非懂，学生积极性不高。

二、制订职教集团的人才培养方案

（一）确立职教集团的发展方向，确立集团主体的龙头地位

职教集团的目的是追求集团的核心利益，这也是吸引各方加入职教集团的主要原因。因而在组建职教集团的过程中，应确立其核心发展方向，并依托行业发挥主体的龙头作用。职教集团的主体首先可以选择职业学校，特别是特色鲜明、有发展潜力的学校，尤其是示范性高职院校，以确保职业教育大规模快速发展，提升职业教育服务产业的能力。

（二）明确集团内部各教育层次的人才培养目标

人才培养目标的确立，是职教集团人才培养方案制订的前提条件。主要是如何对中、高职人才培养目标进行有机衔接。中职教育是为国家培养直接在生产、服务、技术和管理第一线工作的中级应用型人才。高职教育的办学目的是为了适应科学技术的迅猛发展，为社会培养高端技能型人才。其培养目标是统一递进的关系，这就意味着中、高职要在人才培养目标上实现衔接。

以会计专业为例，我国的国情决定了社会对会计人员的要求是多样的，急需具有熟练技能的基层核算人员，也需要高级会计人才。笔者经过调研发现，目前中职学校的会计专业毕业生就业定位主要是中小型民营或私营企业，主要从事会计核算和会计实务基础性工作，如出纳、收银、库管、基层办税员等。高职院校培养的学生，其就业岗位涉及工业、商贸、服务业等行业的出纳、会计核算及税务会计岗位。

因此，中职学校培养的人才应该具备一定的专业基础知识和较强的基础工作操作能力，同时，为适应社会发展需求，要让学生掌握相当于高中层次的文化基础知识和专业基础知识，为高职培养预备人才。高职教育在中职教育的基础上，依据中

等职业学生的文化、专业技能功底，切实可行地在原有基础上提高学生的专业理论、专业技术和实践技能水平，从而达到高职人才培养规格的要求，真正实现中、高等职业教育在培养目标上的衔接。

（三）制订相互协调的专业课程体系

课程体系是以市场需求为核心，以经济发展为基础，按照人才的培养目标、教学要求和学生学习心理，根据专业知识之间的内在联系而设计的各门课程的系统。

课程体系的构建与培养目标的设定有着直接的因果联系。培养目标由人才培养规格具体体现，课程体系要按照培养规格的要求进行设计。培养目标与课程体系之间以人才的素质结构为中介，构建一个交互作用、双向构建的理想模型。双向构建的理论假设，既要考虑横向的双向对应，又要顾及纵向的分层衔接。中、高职贯通的课程体系衔接不是简单的中职课程+高职课程，它们是相互独立又相互联系的，应该分析它们之间的关系，按岗位的职业能力要求进行课程重组，探寻适合两者的衔接方法，最终达到各自的人才培养目标。

在设置课程体系的时候，要充分考虑到人才的进口和出口的问题，尤其是职教集团中的高职院校。高职院校的生源来自普高和中职，两种生源的学生知识和能力基础都有各自不同的偏向性，给高职教育带来了更大的难度。在课程设置上，可以考虑为普高生和中职生分别设置桥梁课程，使其达到高职的入口要求，再进行进一步的专业学习。如图 6.1 所示。

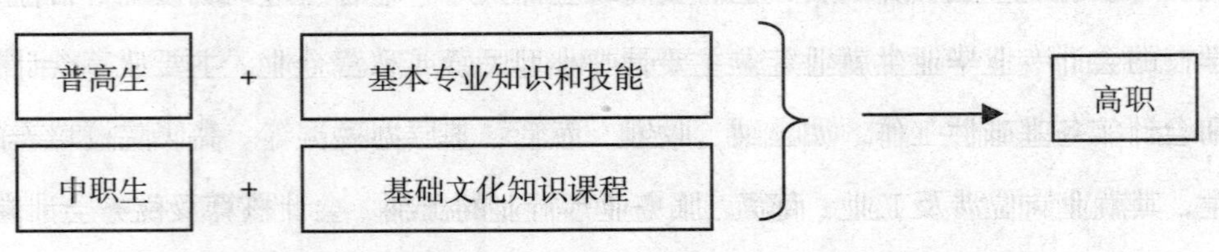

图 6.1 高职开设桥梁课程示意图

（四）制订科学的课程考核方案，实施学分互认制

课程考核方案的制订是人才培养方案的一个方面。与此同时，如果能够在职教集团内形成统一的学分标准，以学分作为一条通道，使学生在中职学习过程中获得的相关课程的学分以及职业技能资格在职教集团内的高职院校中得以认可，成为中职学生进入高职院校的通道，就可以增强中职学生的学习动力。

第四节　职教集团中学生职业能力培养

职教集团的性质，决定了职业教育对学生的培养必须和职业岗位、职业技能联系起来，必须走“工学结合、校企合作”的道路。职教集团的学生的培养目标定位为技能型人才，而技能型人才的需求主要来源于企业。在职教集团培养学生的过程中，必须要使企业真正参与到学生培养计划的制订、课程设置、教学设计的全过程，让企业在教育集团中发挥实质性作用，才能培养出企业所需要的人才，达到学校与企业的双赢。

职教集团中，学生的教育过程需要融入产业、行业、企业、职业与实践等要素，学生完成学业时应该具备企业所需的职业能力。但是，职业能力的形成除了需要知识与技能的积淀外，还需要通过职业氛围的熏陶，而这种氛围是在课堂教学中难以完成的，因此要充分挖掘第二课堂的潜能。

一、“职业能力”的内涵

（一）职业能力的定义

职业能力是使个体能在特定的职业活动中将所获得的职业知识和职业技能进行类化迁移与整合，成功完成一定的职业任务，并形成适合个体继续发展的综合运用知识的能力和创新思维能力，主要是由关键能力、专业技术能力和综合能力三项要素构成。职业能力是人们从事某种职业的多种能力的综合。如果说职业兴趣或许能

决定一个人的择业方向，以及在该方面所乐于付出努力的程度，那么，职业能力则能说明一个人在既定的职业方面是否能够胜任，也能说明一个人在该职业中取得成功的可能性。

（二）职业能力的构成

由于职业能力是多种能力的综合，因此，我们可以把职业能力分为一般职业能力、专业能力和综合能力。

1. 一般职业能力

一般职业能力主要是指一般的学习能力、文字和语言运用能力、数学运用能力、空间判断能力、形体知觉能力、颜色分辨能力、手的灵巧度、手眼协调能力等。此外，任何职业岗位的工作都需要与人打交道，因此，人际交往能力、团队协作能力、对环境的适应能力，以及遇到挫折时良好的心理承受能力都是我们在职业活动中不可缺少的能力。

2. 专业能力

专业能力主要是指从事某一职业的专业能力。在求职过程中，招聘方最关注的就是求职者是否具备胜任岗位工作的专业能力。例如，你去应聘教学工作岗位，对方最看重你是否具备最基本的教学能力。

3. 职业综合能力

这里主要介绍国际上普遍注重培养的“关键能力”，主要包括四个方面：

（1）跨职业的专业能力

从以下三方面可以体现出一个人跨职业的专业能力：一是运用数学和测量方法的能力，二是计算机应用能力，三是运用外语解决技术问题和进行交流的能力。

（2）方法能力

一是信息收集和筛选能力；二是掌握制订工作计划、独立决策和实施的能力；三是具备准确的自我评价能力和接受他人评价的承受力，并能够从成败经历中有效地吸取经验教训。

（3）社会能力

社会能力主要是指一个人的团队协作能力，人际交往和善于沟通的能力。在工作中能够协同他人共同完成工作，对他人公正宽容，具有准确裁定事物的判断力和自律能力等，这是岗位胜任和在工作中开拓进取的重要条件。

（4）个人能力

随着我国经济体制改革的深入、法制的不断健全和完善，人的社会责任心和诚信将越来越被重视，假冒伪劣将越来越无藏身之地，一个人的职业道德会越来越受到全社会的尊重和赞赏，爱岗敬业、工作负责、注重细节的职业人格会得到全社会的肯定和推崇。

二、 充分发挥职教集团优势， 建立“职业能力”的培养机制

（一）以职业为目的的培养模式

国外职业教育中关于“职业能力”的培养模式大都定位在集团化校企合作这一层面。在我国职教集团的运作中，可以更好地利用职教集团自愿性，进行校企深度合作模式的探讨。比如“订单式”“定向式”培养，企业需更主动地参与到学生培养的全过程中，深入开展校企合作，做到学校学习与企业实习交替进行。也可以利用“教学工厂”和“模拟公司”，让学生真正步入岗位之前，在职场环境中进行历练，培养学生独立学习、获取新知识技能的能力以及与他人交往、合作、共同生活工作的能力等，从而完成角色转变。

（二）“校企双主体”的教学模式

“校企双主体”教学模式是一种把课堂设在公司现场，把公司现场搬进课堂的教学模式。通过学生与企业“零距离”接触，学生边学习边以实习员工的身份直接参加企业的运营、质量管理等工作，使得我们培养出来的学生更具社会性，能满足企业发展的需要，让学生真正能成为“下得去、留得住、用得上”、实践能力强、具有高技能的人才。

（三）理实一体的课程体系

职业学校要从单纯的终结性学校教育扩展到将工作与学习有机结合的终身教育领域，使传统的职业教育发展为突破时空界限的“技术和职业教育与培训”。在教学过程中，把素质教育，尤其是职业能力教育作为教学的起点。

职业学校需根据培养目标和就业需求，将学校课堂教学与企业实习相结合，以就业为导向，重视实践教学安排，培养学生职业技能。以职业需求为出发点，围绕职业活动开发课程、组织教学、实施考核，才能使学生在掌握基本知识的同时，提高职业技能。

（四）校企合一的实训体系

职教集团应建立一套“校中厂、厂中校”的实训环境。学生在实训过程中了解工作的程序，掌握工作的方法，加强对生产工具和劳动材料的认识。此外，通过学生到学徒的角色转变，使学生形成独立学习的能力。同时，也可培养学生团队合作、人际交往、处理危机等能力，从而能积极应对职场上的各种状况。职教集团可以由学校无偿提供土地，企业投资兴建“培训学院”，培训收益由双方按比例分成。以“培训学院”为依托，校企双方共同开发培训项目和课程，共享专业技术人员资源，学历教育与非学历教育相结合，达到双方共赢。此外，还可以开发一系列虚拟仿真系统，如职业能力发展虚拟训练系统、职业技能虚拟鉴定系统等。

（五）完整而系统的第二课堂体系

所谓第二课堂，是相对于第一课堂而言的，是指在教学计划所规定的教学活动之外，以学生成才为目标，以个体兴趣为起点，以培训基本技能、提升综合素质为重点，由学校对学生实施的有目的、有组织、有计划的各类教育活动。旨在开发学生的智慧潜能，促进个性发展和健全人格形成，帮助学生获取第一课堂以外或以上的学问。目前第二课堂的活动内容和形式相对单一，学生参与面不广，技术含量不高，难以持久且职业素质培养实效不明显；如果能重新设计第二课堂活动体系并使之在职业素质培养中得以利用，则意义重大。

三、建立以培养就业综合素质为目标的第二课堂体系

（一）职业能力培养与第二课堂的内在关联

在职教集团中，职业院校担当了中学与社会的“连接器”、学生与职业人的“转换器”。无论是中职还是高职，学生学习期间是其新的世界观、人生观、价值观与择业观的形成期，在此期间要完成从学生到职业人角色的转变。这其中包括思维方式的转变、自我认知的建立、团队意识的形成、社会责任的养成、生活节奏的适应，最终实现从兴趣导向向价值导向、责任导向蜕变。

在学习教育中，第一课堂主要完成人才基本规格的培养，着力解决人才培养中的共性与普遍性问题，以传授知识、培养技能为主；而第二课堂，却可解决人才培养中的特殊性与个别性的问题，以能力提升和个性化发展为主。从学生到“职业人”的蜕变过程中必须具备的个人品质的形成，需要借助于第二课堂的方式来实现。

根据职业能力的养成规律，职业能力在课堂上是教不出来的，需要在良好的氛围中逐步积淀。而第二课堂具有内容丰富性、时空自由性、参与主体主动性、目标效果全面性、实现方式多样性等优势，可以让学生在具体的活动中获取切身的体验与感悟，并通过自我总结逐步内化为自己的个人品质，如正确的职业观念、良好的职业精神、良好的职业道德、良好的职业习惯与优雅的职业礼仪等。

根据职业技能的习得规律，职业技能在课堂上同样也是教不出来的，需要通过一定频度的重复练习与练习者的用心感悟才能逐渐固化为自身的“一技之长”。显然第一课堂受教学时数限制，难以安排足够的时间供学生练习，而第二课堂则在时空上能够得以拓展，为职业技能的研习营造氛围、提供场所。

（二）基于职业能力培养需求的高职第二课堂活动体系构建

高职第二课堂活动体系的构建，主要基于对职业能力的培养要求、高职教育的基本规律与第二课堂的内在特质等的综合考量。

1. 第二课堂主要形式

以培养学生职业能力为主线的第二课堂，应该以培训学生基本技能、提升综合

素质为重点，根据职业能力的养成规律与职业技能的习得规律，进行系统的第二课堂活动内容的整体设计，使之与第一课堂共同构成完整的教育体系，成为第一课堂的适度延伸和有效补充，成为人才培养模式的重要组成部分。在系统设计第二课堂的时候，要结合专业及学生特点，将第二课堂活动基本内容设计成主要由专业技能大赛和综合素质养成两部分组成，综合素质养成又可分为办公技能、社交技能、求职技能等模块，每个模块均赋予一个必选学分，要求学生结合自己的兴趣，每学期从规定的模块中选择相应内容进行学习。其中，办公技能包括办公自动化、写作、书写规范等技能的培养；社交技能包括团队协作、沟通技巧、礼仪文化等技能的培养；求职技能包括职业能力规划以及求职技巧的训练。

2. 第二课堂实施途径

以会计财会专业为例，可以通过以下方式进行第二课堂的设计：

（1）学术报告。

由本校教师或邀请校外专家给学生作学术报告。学术报告的内容应紧密贴合会计专业所学知识，亦可结合经济现象与会计工作或会计改革的关系展开。通过学术报告，可以扩大学生视野，增加学生对经济热点的敏感度。

（2）参观考察，实地调研。

参观考察的一种形式是在教师的联系和指导下进行，学生对经济开发区、企业、会计师事务所等进行考察学习；另一种形式是学生利用假期，自行联系企事业单位、乡镇农村进行实地调研。参观考察可让学生“眼见为实”，对经济现象、实务工作留下深刻印象，具有课堂教学难以达到的效果。考察和调研都要求学生写出参观考察报告或调研报告。

（3）建立与“课、证、岗对接”的技能竞赛体系。

竞赛是激发学生学习热情的好方法，专业技能竞赛也是检验学生专业学习效果的良好平台。当然，竞赛的内容也要与时俱进，充分体现会计专业的发展，既保留传统的珠算、点钞、记账比赛，也要设置会计信息化、财务分析等方面的竞赛，以

扩大知识领域，全方位锻炼学生。

首先，根据工作岗位、资格证书、职业能力及课程体系开发会计技能大赛项目，如表 6.2 所示：

表6.2　　　　　　　　　　　岗位能力分解表

<table>
<tr><th colspan="2">岗位</th><th>主要工作任务</th><th>职业核心能力</th><th>对应课程</th><th>大赛项目</th></tr>
<tr><td colspan="2">出纳岗位</td><td>负责库存现金收付、库存现金日记账登记及核对；银行存款结算、日记账登记及核对</td><td>能熟练办理现金收支、银行转账结算业务；能按照规定登记现金、银行存款日记账等</td><td>《出纳实务》</td><td>出纳业务大赛</td></tr>
<tr><td rowspan="4">会计核算岗位</td><td>经济业务核算</td><td>能设计有关会计制度并建账；能按照企业会计准则确认计量企业发生的各种经济业务；填制凭证、登记账簿</td><td>能设计有关会计制度并建账；能按照企业会计准则确认计量企业发生的各种经济业务；填制凭证，登记账簿</td><td>《财务会计实务》</td><td rowspan="4">手工记账大赛</td></tr>
<tr><td>成本核算</td><td>负责成本计算对象确定、成本项目确定、成本计算方法选择、成本费用归集与分配</td><td>掌握成本核算方法，能正确计算和分配产品和劳务的成本；能正确编制成本报表</td><td>《成本会计实务》</td></tr>
<tr><td>纳税核算</td><td>负责税费计算与申报</td><td>熟悉税收相关法律制度，能正确计算应缴纳的各种税费并填制纳税申报表，能熟练运用税收网络申报系统</td><td>《纳税实务》</td></tr>
<tr><td>总账报表</td><td>负责稽核工作、登记总账、编制会计报表、编写财务情况说明书</td><td>能正确登记总账、编制会计报表；正确披露相关报表附注信息；能及时向相关信息使用者报送财务报告</td><td>《会计报表编制与分析》</td></tr>
</table>

续表

财务管理岗位	财务管理	筹资管理、项目投资管理、日常资金营运管理、收益分配等	明确财务管理的目标、内容和方法；能正确编制财务预算；能计算各项资金成本并选择合理的资本	《财务管理》	ERP 沙盘大赛
	报表分析	偿债能力分析、营运能力分析、赢利能力分析、现金流量分析、股东权益分析等	会计算各种财务指标；会根据指标计算的结果对企业财务状况、经营成果、现金流量及其变动进行分析	《会计报表编制与分析》	
会计监督岗位		能制订审计计划、实施审计程序、收集审计证据、撰写审计报告等	能顺利收集审计证据，编制和整理审计工作底稿；会运用规范格式撰写审计报告	《审计实务》	
会计管理岗位	会计软件操作	利用财务软件处理会计信息	熟知各财务软件的设计思路；具备熟练操作财务软件的能力；具备会计数据资料的查询及分析和辅助决策能力	《财务软件操作与维护》	会计信息化大赛
	会计管理	档案管理；会计制度设计；企业内部控制；会计文件管理	能够整理与装订会计档案，做好会计档案的移交工作；熟悉会计岗位责任制的制订	《会计综合模拟实务》	

其次，构建会计专业“课、证、岗”对接技能竞赛体系。

“课、证、岗”对接技能竞赛体系是指技能竞赛的项目与课程设置、职业证书的获取、工作岗位紧密结合，突出职业能力的培养。该技能竞赛体系与开设的课程紧密联系，课程结束后进行技能竞赛，既能巩固所学知识，又能提高职业技能；该

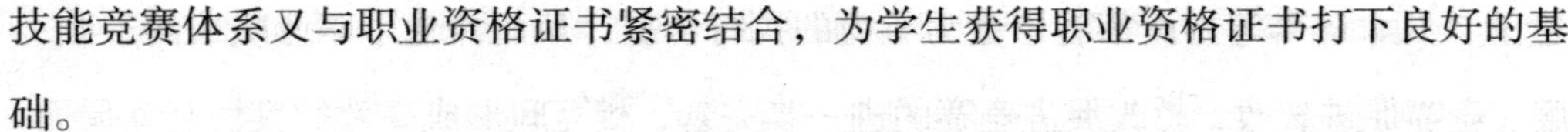

技能竞赛体系又与职业资格证书紧密结合，为学生获得职业资格证书打下良好的基础。

该体系包括的技能竞赛项目有：

①会计基本技能大赛：包括汉字、数字书写、点钞、票币计算、珠算、小键盘录入、凭证装订等，主要考查学生从事会计工作的功底，如汉字书写、点钞、珠算等动手操作能力，为今后从事会计工作奠定良好的基础；

②会计知识大赛：包括会计基本知识初级、中级、高级大赛。会计知识大赛（初级）比赛项目为学生顺利考取会计从业资格证书打下良好的基础，会计知识大赛（高级）为学生考取助理会计师证书奠定良好的基础；

③手工记账大赛充分与会计核算岗位对接，为学生从事会计核算岗位奠定坚实的基础；

④ERP 沙盘模拟经营大赛与财务管理岗位对接，考查学生团队协作能力、财务管理能力及计算分析能力等；

⑤会计信息化大赛与会计管理岗位对接，为学生能够熟练操作会计软件打下坚实的基础。

再次，建立与实践教学对接的技能竞赛训练机制。

①依据竞赛开展实践教学活动，开设匹配的课程。首先以国赛的技能项目及考核标准为风向标，逐级设置校级及课堂教学环节的技能项目，并以此为依托，开设相配套的实践教学课程。通过开展相匹配的实践教学活动，如在课堂教学环节中举办班级竞赛活动，选拔出拔尖的技能人才作为校级技能大赛的后备参赛选手，为以后更高级别的技能大赛（省级赛和国赛）做好人才的储备工作。

教学活动紧紧围绕着职业技能竞赛的考核要求而开展，依据技能竞赛项目来划分教学内容和实践模块，形成竞赛项目与实践教学活动良好的对接与整合关系。竞赛项目与实践教学活动的对接与融合，有利于通过各种形式的竞赛提高学生的综合职业技能。从教改的层面上看，竞赛项目与教学活动的对接，使得课程设置、专业建设、人才培养等方面都有了更为有力的执行依据，从而深化了职业院校的教改力度。竞赛促进教改，教改促进竞赛的进一步完善，相互间形成高效的良性互动局面。

②依据大赛项目，以职业技能要求确定技能训练内容，合理组织针对性强的专业化教师团队，开展科学有序的训练指导活动。组建一支专业性强、分工及职责明确的教学指导团队是取胜的决定性因素。教师的主要任务是在课堂中搭建一个学生参与的平台，引导并指导学生完成学习任务，对学生完成任务情况进行评定，对班级课堂竞赛活动中优秀的学生给予奖励，并优先选送参加学校的技能大赛。通过校级比赛脱颖而出的技能人才将进行更为专业化、更为系统化的针对式专项训练，以省级赛的技能要求确定技能训练内容，开展科学有序的训练指导。

通过创建这样一个学生人人参与、层层选拔的教学氛围，使学生不但学到专业的知识与技能，还增强了竞争意识以及适应社会的能力。

③在时间、内容上建立与国家、省、校级职业技能竞赛的互通机制。一般而言，与学校专业设置相关的省级以上职业技能竞赛均应以校级竞赛为基础依托，形成“校级竞赛——基础选拔；省级、国家级竞赛——优质选拔”的良好氛围，构建校级—省级—国家级完整的、相互衔接的竞赛机制。

在竞赛时间上，校内外竞赛要相互衔接，且竞赛项目要与所开设的教学内容相互衔接。依据高级别的竞赛，如国赛的时间安排，可以合理地规划好省级、校级及班级竞赛的时间，这便于通过各级别的竞赛形式逐级选拔优质的技能参赛选手。

（三）实施第二课堂活动体系需要注意的问题

第一，在制订第二课堂活动体系的架构中，必须考虑到兼顾的问题，要让所设计的项目能够实现全员参与，这样才能达到第二课堂原本的目的。

第二，在第二课堂活动的组织中，要充分考虑与第一课堂相结合，以便互相补充、互相配合，不能在时间和内容上与第一课堂发生冲突。

第三，在第二课堂活动的实施上，应根据学生的性别因素、生源地域差别、兴趣爱好、专业类别、职业生涯规划倾向等做好生源需求细分，并按“学生需求群”

建立相应的目标市场——学生社团，并可借助于社团这个平台规范活动过程，约束不端行为，降低实施难度，引导品牌建设，逐步提升学生的参与感、体验感与成就感，努力实现第二课堂活动应有的实施成效。

第四，在第二课堂活动的管理中，重点做好三个阶段的具体工作：在学生入学时，做好第二课堂活动的宣讲工作；学生在校学习期间充分调动学生参与的热情；学生毕业前，做好第二课堂活动回顾工作，促使第二课堂活动步入计划—实施—总结的良性循环。

第五节 职业教育集团文化的再造

在职业教育集团化办学模式下，校企合作开创了新的局面，但同时校企文化也发生了冲突，职教集团呈现出集团内异质文化并存局面。因此，再造集团文化，让校企文化互融将是职教集团运行机制形成的另一关键问题。

一、校企文化差异

（一）学校文化

关于学校文化的界定有如下两类：

第一，广义定义。学校文化是一种亚文化，是学校中形成的特殊文化，体现的是社会背景下以学校为地理环境圈，由全体师生在学校长期的教育实践过程中积淀和创造出来的，并为其成员所认同和遵循的价值观、精神、行为准则及其规章制度、行为方式、物质设施等的一种整合和结晶，其本质意义在于影响和制约学校内人的发展，其最高价值在于促进学校内人的发展。

第二，狭义定义。亦有“校园文化”之说，认为学校文化就是学校校园环境中存在的一切文化现象。学校文化实质上是一种德育隐性课程。通过学校文化，对学生进行道德熏陶，帮助学生在潜移默化中接受道德规范，实现道德成长。学校文化是以学生为主体，以课外文化活动为主要内容，以校园为主要空间，以校园精神为主要特征的一种群体文化。

学校文化是学校教育的重要组成部分，是学校精神、学校活动、学校秩序和学校环境的集中体现，对师生起着引导、激励、鼓励、教育作用。学校文化是学校的品牌和无形资产，是学生成长的重要生态环境，其建设的核心是提高育人质量。

（二）企业文化

企业文化，或称组织文化（Corporate Culture 或 Organizational Culture），是一个组织由其价值观、信念、仪式、符号、处事方式等组成的其特有的文化形象，商业教育均将企业文化作为一项重要内容包含在内。

企业文化是在一定的条件下，企业生产经营和管理活动中所创造的具有该企业特色的精神财富和物质形态。它包括文化观念、价值观念、企业精神、道德规范、行为准则、历史传统、企业制度、文化环境、企业产品等。其中，价值观是企业文化的核心。

广义上说，文化是人类社会历史实践过程中所创造的物质财富与精神财富的总和；狭义上说，文化是社会意识形态以及与之相适应的组织机构与制度。

而企业文化则是企业在生产经营实践中，逐步形成的为全体员工所认同并遵守的带有本组织特点的使命、宗旨、精神、价值观和经营理念，以及这些理念在生产经营实践、管理制度、员工行为方式与企业对外形象的体现的总和。它与文教、科研、军事等组织的文化性质是不同的。

企业文化是企业的灵魂，是推动企业发展的不竭动力。它包含着非常丰富的内容，其核心是企业的精神和价值观。这里的价值观不是泛指企业管理中的各种文化现象，而是企业或企业中的员工在从事商品生产与经营中所持有的价值观念。

（三）校企文化差异

学校文化和企业文化都是社会文化的子文化，具有许多相同的内涵和外延。就本质而言，两者都是在一定区域内以一种隐性的潜在力量对本质区域个体的行为方式、价值观念和道德规范起着导向、激励和潜移默化的作用，是以实现人的全面发展为最终价值取向的。但两者在具体的环境下，也表现出来一些差异。校企文化主要差异如下表 6.3 所示：

表6.3　　校企文化主要差异

序号	项目	学校文化	企业文化
1	环境氛围	倾向于育人环境，突显文化色彩，包括健康的文化活动、浓郁的文化氛围、优美的校园环境、奋发向上的精神风貌、和谐的人际关系等特点	企业的园区环境及生产、办公环境主要是为了方便生产或经营，属于生产型环境，注重整洁有序、高效、低成本的原则
2	精神文化	包括体现学校特色和精神的优良传统、校训校风、人文精神和科学精神等	包括企业精神、企业价值观等，有助于激发员工的主观能动性，鼓励他们立足岗位，为企业发展，为个体职业生涯的发展，努力工作，服务企业，贡献社会
3	文化特点	崇尚个性化，强调文化主题的主观能动性、创造性与动手能力，提倡展示自我、积极参与、激发潜能	呈现较多的则是协调、和谐因素，提倡务实与实干精神，以实现员工个人价值和企业发展为主要目标

二、职教集团文化再造的现实意义

（一）职教集团内涵发展需要集团文化的再造

在 2011 年教育部《关于推进中等和高等职业教育协调发展的指导意见》中明确提出：以内涵建设为着力点，整体提升职业学校办学水平。职业教育改革，要求职业院校要整合多种文化，进而倡导、发展具有开放性、社会性特质的校园主流文化，而这些正符合“校企合作，工学结合”的学校文化理念，有利于强化学校和企业资源共享、利益均沾的合作模式以及潜在的创新意识。

（二）职教集团创新发展需要文化再造

高校的教育理念、教学内容、教学方法和手段，决定着未来企业职工和领导的知识、能力和素质。集团校企文化互融是创建现代知识型企业，实现企业学习化的有效途径。企业文化在学校文化的渗透过程中，企业员工文化素质、专业技能和品格修养等都能得到全面提高，这对于集团内企业提高员工的整体素质及企业综合竞争力将发挥重要作用。

（三）职教集团学生职业素养养成需要文化再造

学校文化是一种知识型、精神型文化，而企业文化更多的是责任与物质型文化，把企业文化融入学校文化，是在具有文化和精神价值的同时，也具有了商品价值，这是当代职业教育准公共产品属性的反映，也是知识经济时代知识得以存在与发展的必然要求与价值诉求。集团内职业院校培养高素质实用型人才，必须以市场和就业为导向，充分注重专业技术课程的实践性教学，这也为企业文化入驻学校文化创造了有利条件。企业特色折射行业特色，集团内院校在人才培养、课程创新、教学管理、文化理念方面融入企业行业特色，使学校文化有着明显的行业印记，是职教集团凸显自身特色的有效途径。

此外，员工在企业的生存状态除了自身的技术水平和能力之外，还需要对环境、企业的适应能力，对企业理念、发展目标的理解，对企业氛围、工作环境的融合，才能以此指导自己的工作，得以在企业获得真正的发展。而现阶段的职业教育往往只重视技能型的教育教学，却忽视了在进行人文素质教育的同时与社会经济生活实际紧密相连，直接揭示职业岗位所在企业的文化教育。因此，职教集团校企文化互融是相当必要的。

三、职教集团文化再造的有效途径

文化层次理论包括精神文化、物质文化、制度文化，因此，文化再造也需要从这三个方面开展。

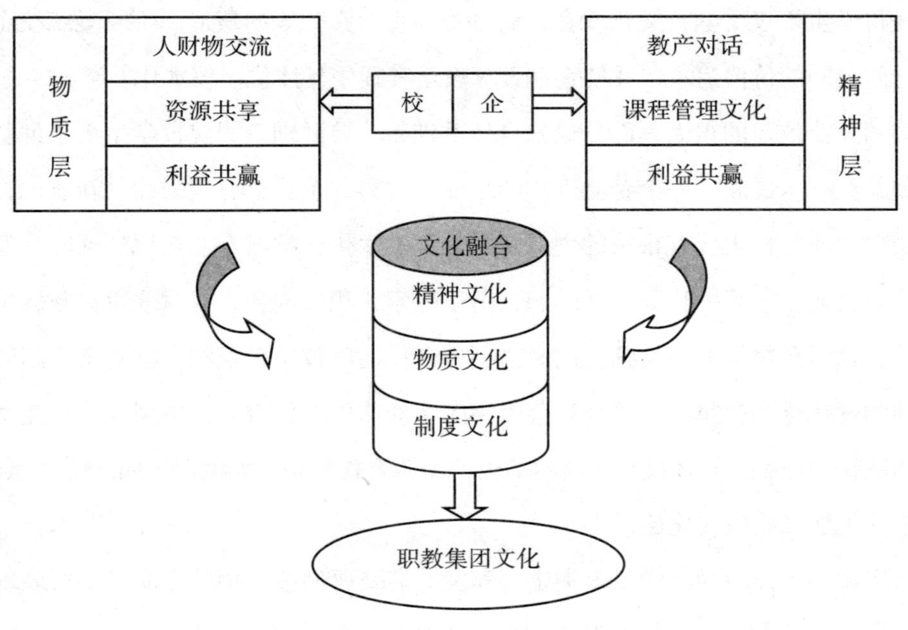

图 6.2 职教集团文化再造

（一）加强精神文化建设

精神文化是人类在从事物质文化生产基础上产生的一种人类所特有的意识形态，是人类各种意识观念形态的集合。精神文化的优越性在于具有人类文化基因的继承性，还有在实践当中可以不断丰富完善的待完成性。这也是人类文化精神不断推进物质文化的内在动力。由于文化精神是物质文明的观念意识体现，在不同的领域，其具体文化精神有不同的表现和含义。学校的精神文化主要包括校园历史传统和被全体师生员工认同的共同文化观念、价值观念、生活观念等意识形态。学校的精神文化建设是校园文化建设的核心内容，也是校园文化的最高层次。它会直接影响校园文化的方向，影响全体师生的共同愿景、道德追求和精神导向。职业教育集团化办学模式应鲜明地体现职业教育的办学理念，进一步解放思想，转变观念，创新思维，突破制度、体制、机制约束，加强校企合作，不断开拓校园文化的生长空间，使得学生不仅受学校文化教育，而且受到企业文化等的塑造，不断凝练校企和师生之间共同的价值追求，并使它在教育教学实践中具体化、校本化。

集团企业效益的很大一部分也来自技术创新，要激励集团院校学生勇于创新精神。创新是一个民族，一个企业进步的灵魂。优秀的企业都有很强的创新意识，所以集团内职业院校更应有很浓的创新氛围，激励学生在学习专业知识的同时，经常深入成员企业生产第一线，发现问题，勇于探索，积极创新，并对取得创新成果的学生予以物质和精神上的奖励。同时，创造合作的学校文化氛围，创建富含团队协作精神的现代化职教集团。当今社会发挥团队的作用至关重要，集团成员企业文化中的团队精神应融入集团院校，培养学生的团队合作精神，大力倡导团队合作意识。

（二）加强物质文化建设

物质文化，是指为了满足人类生存和发展需要所创造的物质产品及其所表现的文化，是文化要素或者文化景观的物质表现方面。在职教集团的文化再造中，物质文化建设是一个重要的组成部分和支撑。职业教育集团化办学中，物质文化再造不仅对学生身心产生重大影响，还会直接和间接地反映出学校的价值追求。因此职教集团的物质文化建设，必须充分吸收和融合优秀企业文化的元素。

物质文化建设要依据职业教育的人才培养目标来进行学校硬件设施的总体规划。比如，在职业院校建立校内工厂、理实一体教室、校内模拟仿真实训基地等，以营造出良好的职业环境及职业氛围。此外，除了硬件、设施等资源建设外，还应注重办学过程中的内涵建设，比如对实训成果的展示、在实训室悬挂标识等。

职教集团内成员优势互补、校企同行，是知识经济时代的客观要求。通过成员院校与成员企业合作与合资，可以实现资源、资本与资金的优化结合，初步完成从技术到产品的转变。成员院校与成员企业以互利互惠、合作“双赢”为目标，主动围绕专业创办新型产业，通过这种途径，学校文化与企业文化可以得到渗透与融合、借鉴与改良，将为创建学习型社会，提高全民族的创新力、创造力，优化人力资源结构奠定坚实的基础。

（三）加强制度文化建设

制度文化是人类为了自身生存、社会发展的需要而主动创制出来的有组织的规范体系，主要包括国家的行政管理体制、人才培养选拔制度、法律制度和民间的礼仪俗规等内容，是文化层次理论要素之一。制度文化是人类在物质生产过程中所结成的各种社会关系的总和。社会的法律制度、政治制度、经济制度以及人与人之间的各种关系准则等，都是制度文化的反映。学校的制度文化是学校文化的内在机制，包括学校的传统、仪式和规章制度，是维系学校正常秩序必不可少的保障机制，是校园文化建设的保障系统。集团化办学模式下，学校要逐步建立和完善的办学章程、办学制度、改革举措、规章条例等，都可以列为制度文化。通过制度来实施有效管理，而又通过管理传递和实现学校的价值观念，如责权利对等、质量与效益、教师自主、人性化、契约意识、制度至上、效率优先、敬业进取、团队合作等。制度文化作为物质文化和精神文化的中介，在协调学校与企业、学校人员与企业员工之间的关系、学校领导与教职工之间的关系、教师之间的关系、教师与学生之间的关系，以及保证职业教育集团和学校的凝聚力方面起着不可或缺的作用。在学校的人性化管理中，应把制度建设摆在突出的位置，在学校的各项工作中充分发挥制度的作用，通过实践总结不断地进行制度创新和完善现有制度，再及时制定一些更为科学的新制度，不断完备和科学规范。校园制度文化建设是学校改革创新的软实力，是学校特色发展的驱动力，运行有效的学校制度文化建设，是学校发展和学校特色的有效保障。

职教集团校企深度发展，必须将单纯的学校文化与企业文化进行有机的渗透与融合，优势互补，以形成丰富多彩的新型文化。建立健全现代企业管理制度，实现企业的利润总量是处于最优状态，如果不进行信息共享，供应链上核心生产企业总利润减少幅度是最大的。在供应链上分销商和供应商增值方面，参与信息共享，利润增加较为明显，这也表明在整个供应链上，核心生产企业向上游和下游企业进行信息共享成为可能，从而推动供应链协同，实现利益共享，这从根本上提高了上、

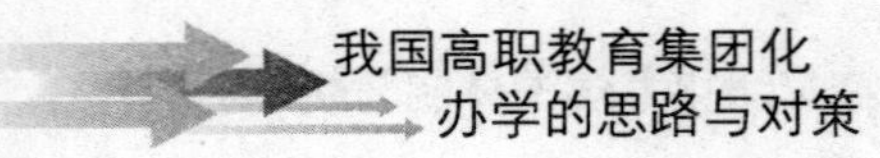

下游企业参与信息共享的积极性。

企业之间信息独立导致供应链产生不确定性，时变需求进一步加剧供应链系统的不确定性，导致供应链的整体效应很难实现。为此，本书在时变需求条件下，通过信息共享的途径研究供应链的整体协同，设计信息协同的评价指标，建立核心生产企业与上游供应商企业以及下游分销商企业在信息共享情形下的协同模型，并对核心生产企业、供应商、分销商的边际生产成本、利润进行分析，得到解析，指出供应商、核心生产企业、分销商参与信息共享后的价值增值，为供应链上各企业在信息共享背景下进行利益分配提供决策依据。

第七章　职业教育集团化办学绩效评价体系的构建

绩效评价体系的建立是有效地组织绩效评价，实现绩效管理目标和要求的重要前提和基本保障，也是进行绩效考核的基本要素，制订有效的绩效评价指标是绩效评价取得成功的保证。因此设计一个科学合理的绩效评价指标体系是企业实施绩效评价职教集团工作取得成功的基础和关键，同时也是集团最关注的问题。

第一节　绩效评价体系概述

绩效评价体系（performance evaluation system）是指由一系列与绩效评价相关的评价制度、评价指标体系、评价方法、评价标准以及评价机构等形成的有机整体。绩效评价体系由绩效评价制度体系，绩效评价组织体系和绩效评价指标体系三个子体系组成。

绩效评价体系的科学性、实用性和可操作性是实现对企业绩效客观、公正评价的前提。企业绩效评价体系的设计遵循“内容全面、方法科学、制度规范、客观公正、操作简便、适应性广”的基本原则。评价体系本身还需要随着经济环境的不断变化而逐步发展完善。

绩效评价的内容依企业的经营类型而定，不同经营类型的企业，其绩效评价的内容也有所不同。工商企业与金融企业就有不同的评价内容，在工商企业中，竞争性企业和非竞争性企业的评价重点也存在差别。

企业绩效评价体系属于企业管理控制系统的一部分。它与各种行为控制系统、人事控制系统共同构成企业管理控制体系。企业管理控制体系是企业战略目标实现的重要保障。由于每个企业战略目标有其特殊性，所以，有效的绩效评价体系在各企业中的表现各不相同。但是，作为企业实现战略目标的通用工具，各企业有效的绩效评价体系具有同质性。

一、绩效评价指标体系设计的原则

依据组织的发展战略目标，按照目标一致性理论和层次结构分析理论，就要制订与之相适应的绩效评价指标体系，制订个人或群体的工作行为和工作成果标准。而衡量绩效总的原则有两条，即是否使工作成果最大化，是否有助于提高组织效率。部门和个人的工作绩效考核，必须以有助于提高组织效率为前提，使得组织的总内耗最小、总效用最大。

因此，绩效评价指标体系的设计应遵循以下原则：

（一）针对性原则

科学合理的绩效评价指标体系应切合企业的工作实际和企业绩效管理体系的实际，根据不同的评价目的和评价对象进行指标设计，应从实际情况出发，使其具有较强的针对性，充分体现出所评价对象工作的性质、工作内容和特点。

（二）科学性原则

设计绩效评价指标体系时，要有科学的理论作指导，使评价指标体系能够在基本概念和逻辑结构上严谨、合理，抓住评价对象的实质，无论采用什么样的定性、定量的方法，还是建立什么样的模型，都必须是客观的抽象描述，抓住最重要的、最本质的和最有代表性的东西，同时采用科学的调查研究方法，借用先进的测量工具，通过数据资料的采集、整理、汇总、分析和处理，以保证所选择确定的要素指标，能够系统、全面、正确地体现岗位工作性质和特点的要求。

（三）明确性原则

在所确认的绩效评价体系中，每个评价要素指标都要有明确的内容、定义或解释说明，必要时还要列出计算公式，使评价要素和指标的概念内涵明确、外延清晰，

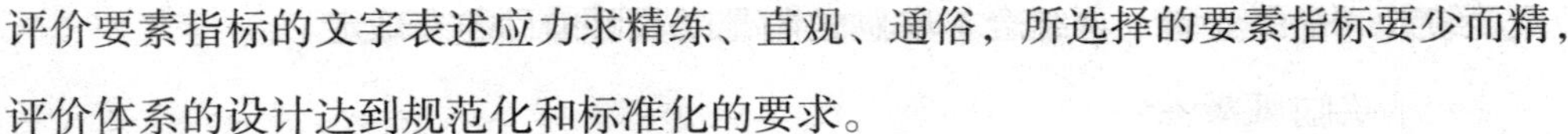

评价要素指标的文字表述应力求精练、直观、通俗，所选择的要素指标要少而精，评价体系的设计达到规范化和标准化的要求。

二、绩效评价指标体系的设计方法

绩效评价指标体系的设计是进行绩效考核的基本要素，是绩效考核取得成功的保证，因此成为建立绩效考核体系的中心环节，同时也成为企业主管经理们最关注的问题。

（一）要素图示法

绩效要素图示法就是将某类人员的绩效特征，用图表描绘出来，然后加以分析研究，确定需评价的绩效要素。这种方法一般将某类人员的绩效要素按需要评价程度分档，然后根据少而精的原则进行选取。

（二）问卷调查法

问卷调查法是采用专门的调查法，在调查表中将所有与本岗位工作有关的要素和指标一一列出，并用简单明了的文字对每个指标作出科学的界定，再将该调查表分发给有关人员填写，收集、征求不同人员意见，最后确定绩效评价指标体系的构成。

（三）个案研究法

个案研究法就是通过选取若干具有代表性的典型人物、事件或岗位的绩效特征进行分析研究，来确定绩效评价指标和评价要素体系。

（四）面谈法

面谈法是通过与各类人员，如被评价者的上级、人力资源管理人员、被评价者以及与被评价者有较多联系的有关人员的访问和谈话收集有关资料，以此作为确定评价要素的依据。

（五）经验总结法

根据特定时期的用人政策、本单位的具体情况，以及评价单位所积累的经验来确定评价的要素，或者参照、总结一些较为权威的绩效评价要素体系以及同行业单位人员绩效评价的经验，再结合本单位的情况以及评价目的来确定。

（六）头脑风暴法

头脑风暴法是最负盛名的促进创造力的技法之一，这是由亚历克·奥斯本提出的。这种方法的目的是：寻求新的和异想天开的解决自己所面临难题的途径与方法。在使用“头脑风暴法”进行集体讨论时，应遵守四个基本原则：任何时候都不批评别人的想法；思想愈激进愈开放愈好；强调产生想法的数量；鼓励别人改进想法。

三、绩效评价指标体系的设计程序

一个科学合理的绩效评价指标体系往往是通过科学的程序设计出来的，思路和程序的科学合理能保证指标设计方向的正确性。因此，设计绩效评价指标体系应遵循以下程序：

（一）工作岗位分析

根据企业制定的战略目标，要实现企业、部门、团队和个人的绩效目标，应对被评价对象所从事的岗位的工作内容、特点、性质以及完成这些工作所具备的条件等进行研究和分析，从而了解被评价对象在该岗位工作所应达到的目标和所采取的工作方式等，初步确定出绩效评价指标。

（二）理论验证

依据绩效评价的基本原理与原则，对所设计的绩效评价指标进行论证，使其具有一定的科学依据，应对以下三方面进行有效验证：

1. 对单个评价指标的有效性进行验证，包括可理解、可控制、可实施、可信、可衡量、可降低成本获取、与目标一致、与整个指标体系一致。

2. 对评价指标的平衡性进行验证，绩效评价必须同时考虑质量、成本、时间三要素。

3. 对评价指标的相互关系进行验证，尽量避免一个体系中指标间的矛盾与冲突，以及防止两个指标出现负相关的现象。

（三）进行指标调查，确定指标体系

要对拟订的各种评价指标进行审查，比较归类，合并与筛选。首先根据评价对象进行归类，然后把内涵相同、内容交叉重复较大的指标合并，再对具有因果关系、矛盾关系的指标进行正本清源、去伪存真的筛选，同时再根据可操作化原则，以简单易测的评价指标代替复杂的或看似精确但难以操作的指标。按照设计指标体系的原则，对所设计的指标进行归类、检验，从而形成绩效评价指标体系。

（四）进行必要的修改和调整

为了使确定后的指标体系更趋于合理，还应对其进行必要的修改和调整，并根据已变化的情况不断更新和改造。修改和调整分为两种：一种是评价前的修改调整，通过进一步调查分析，将所确定的指标体系提交领导、专家会议讨论，征求相关主管人员和专家的意见，修改、补充、完善绩效评价指标体系；另一种是评价后的修改动调整，根据评价的过程及评价结果应用之后所发现的问题，经过认真对照、比较和分析，对指标体系进行必要的修改，使评价指标体系更加充实和完善。

四、绩效评价指标体系的构成

绩效评价指标体系的构成因各企业的实际情况而各有不同，同一企业各部门和各岗位也因各自承担的责任、履行的职责以及要实现的目的等不同而各有差异。但部门和个人的评价指标设计都应建立在公司战略、关键作业流程及部门或岗位职责的基础之上。

绩效评价指标体系的设计根据工作性质的不同可以分为品质特征型、行为过程型和工作结果型。一般来说，绩效导向的评估体系更适用于工作成果容易量化的产出性的工作。为了全面、客观、充分地反映团队或个体的绩效，任何一个绩效评价指标体系都不是只包括单一的一类指标，一般由多种不同类别的绩效评价指标组合而成，从多个角度、多个方面对评价对象进行绩效评价。具体选用哪些类别的指标，应根据绩效评价的对象、评价的目的以及企业的具体情况来确定。

五、绩效评价指标体系设计中应注意的问题

1. 指标体系设计要与企业及岗位的绩效目标及实际相结合。不同评价对象的指标体系应各具特色。科学合理的评价指标体系，不仅对企业的绩效评价发挥基础和指导作用，还能使企业的绩效评价工作与绩效管理目标达到最大效用。

2. 评价指标体系要与评价系统累积的信息有效地结合起来。

3. 绩效评价指标体系应注意不断更新，与不断变化的绩效管理目标相契合。科学合理的评价指标体系要符合企业发展战略与管理目标的要求，不断完善与发展。

4. 各项评价指标要明确、精简。在设计评价指标时应注意指标不能过于笼统与繁杂，以免削弱重要性指标的效力。

一个科学合理的绩效评价指标体系的设计需要选用科学合理的设计方法，企业绩效评价指标体系的设计是一个系统的工程，必须根据每个企业的具体情况对指标体系各方面不断完善与修正，使其符合企业战略发展的要求，有助于组织效率的提高，有利于企业管理目标的改进与有效实施。

第二节　构建职教集团的绩效评价体系

一、构建绩效评价体系的原则

在设计评价指标体系时应从全面、综合的角度出发，找出核心指标及其子指标系统。评价指标体系的构建必须建立在科学的基础上，不仅应考虑到影响研究对象的各个主要方面，以便从不同的角度对研究对象作出评价，还应考虑指标之间的系统性和联系性。但是选取的指标又不能过繁过细，过繁过细的指标体系将不便操作，甚至由于主次不分而导致得不到准确的结果。同时，在筛选指标时还必须考虑其可获得性和可比性、定量与定性相结合的原则以及宏观与微观相结合的原则，各项原则既要综合考虑，又要区别对待。

确定关键绩效指标有一个重要的原则，即SMART原则。SMART是五个英文单词的第一个字母的缩写。S代表的是specific，意思是指“具体的”；M代表的是measurable，意思是指“可度量的”；A代表的是attainable，意思是“可实现的”；R代表的是realistic，意思是“现实的”；T代表的time-bound，意思是“有时限的”。表7.1体现了在确定绩效指标时应如何运用这些重要的原则，怎样做才能符合这些原则，怎样做是不正确的。

表 7.1 SMART 原则含义表

原则	正确做法	错误做法
具体的	切中目标，适度细化，因势而变	抽象未经细化，复制其他指标
可度量的	数量化的、行为化的，数据或信息具有可得性	主观判断，非行为化描述，数据或信息无从获得
可实现的	在付出努力的情况下可实现，在适度时限内实现	过高或过低的目标，时间过长
现实的	可证明的，可观察的	假设的，不可观察或证明的
有时限的	使用时间单位，关注效率	不考虑时效性，模糊的时间概念

二、评价指标体系构建

评价指标体系构建的方法为了较全面、客观、完整地反映职业教育集团化办学的成效，在遵循科学性、系统性、全面性、简明实用性、可获得性、可比性等指标选取原则的基础上，结合职业教育集团化办学是以重点职业院校为牵头院校，以技能型人才培养与实现人才供需结合为目标，以集团规章制度为共同行为规范，依托行业企业，充分发挥各自优势，实现资源信息共享、优势互补、人员互通，推动学校、企业、行业协会、科研院所之间全方位合作这一特质来选择职教集团的绩效评价指标。

我们仍以本书前面的研究成果为基础，从五个方面选取绩效评价指标，从而构建职教集团的评价指标体系[①]。如表7.2所示。

① 见本书第五章中职教集团的办学要素研究。

表7.2　职业教育集团化办学绩效评价指标体系

一级指标	二级指标	指标内涵	数据采集、资料支撑和评估方式
1 学生要素（0.10）	1.1 新生报到率（0.01）	1.1.1 报到学生占录取学生人数的比例（0.08）	地方人力资源和社会保障局相关文件、证明等（实地查看）
	1.2 实质就业率（0.03）	1.2.1 实际就业的学生占毕业生总数的比例（0.08）	地方人力资源和社会保障局相关文件、证明等（实地查看）
	★1.3 学生实训人数（0.03）	1.3.1 全面满足校内相关专业教学和实训需要，按照专业教学标准以及学校制订的专业实施性教学计划所规定的实训项目、内容和课时数，全面完成实训教学任务（0.08）	1.学年学生实训教学人次、课时统计汇总表（网络上传） 2.本校本专业学生名册、本专业教学实施方案、课程表、学生实训教学原始记录（实地查看）
	★1.4 职业技能鉴定等级、人次（0.03）	1.4.1 本校学生本专业相关职业技能鉴定的等级、人数及其取证率（0.06）	1.本校学生本专业已鉴定的人数及其等级统计汇总表（网络上传） 2.鉴定原始材料（实地查看）
		1.4.2 建有相关专业（工种）职业技能鉴定站（所）或行业职业资格考核点的职教集团，每年开展鉴定（考核）的工种、等级、人次及其合格率（0.02）	1.年度鉴定（考核）的统计汇总表（网络上传） 2.鉴定（考核）原始材料（实地查看）
2 教师要素（0.20）	★2.1 教师执教能力（0.07）	2.1.1 在提升教师技能、制订教学文件、编写教材等方面，与行业企业建立了紧密、持久的合作关系（0.07）	1.教师成果清单（网络上传） 2.校企合作项目、协议、活动记录及其具体成果等相关资料（实地查看）

续表

一级指标	二级指标	指标内涵	数据采集、资料支撑和评估方式
	★2.2 实训指导教师（0.07）	2.2.1 实训指导教师数量充足，与职教集团的功能和规模相匹配；实训指导教师实践教学能力与其从事的技能培训等级相匹配。建立有利于提高教师实践能力和专业技能的机制，培养理论教学与实训指导一体化教师。积极从行业企业引进“能工巧匠”。实训指导教师队伍结构（学历、职称、职业技能等级、专兼职比例、年龄等）不断优化、明显改善（0.08）	1.实训指导教师名册（网络上传） 2.实训指导教师专业技术职称和职业资格证书复印件、实训指导教师队伍建设三年规划、学年工作总结、参加专业教师培训的人次和成果汇总表（实地查看）
	★2.3 各类社会开放培训人数（次）（0.06）	2.3.1 积极承担四项服务（在职人员、职教师资、就业和再就业以及农村劳动力转移）等培养培训任务；承接并完成其他职业院校学生的实训任务；每年职业培训人数（以一定的课时数折算）不低于本专业和相关专业学生实训教学人数，即两者达到 1：1 的要求（0.10）	1.培养培训任务的相关协议或委托书、培训原始记录、分类统计表（实地查看） 2.学年职业培训统计汇总表（网络上传）
3 条件要素（0.20）	★3.1 设备利用率（0.07）	3.1.1 实训室设备利用率高 实训室设备利用率=各实训室全年实训教学与社会开放培训课时总数除以（36 周/年 × 5 天/周 × 5 课时/天 × 实训室个数）（0.09）	各实训室年教学实训（社会培训）课时统计表、各实训室设备利用率分析表（网络上传）

续表

一级指标	二级指标	指标内涵	数据采集、资料支撑和评估方式
	★3.2 经费与成本（0.07）	3.3.1 严格执行职教集团经营和成本管理制度，按期完成运行经费和成本相关报表，报表有分析、有建议、有举措。职教集团水、电、燃气、蒸汽等公用资源计量表能创造条件予以独立设置，确保数据信息的真实性（0.05）	1.成本管理制度、每学年运行经费和成本统计表（网络上传） 2.运行经费和成本的统计分析报表、公用资源计量表（实地查看）
		3.3.2 各项培训收费符合“优惠职教、服务社会、公开标准、规范操作”的原则，收费标准经物价局批准备案。上级单位下拨的专项费用与培训收入单列科目，使用规范（0.02）	收费标准备案凭证，上级单位拨款单或有关票据复印件，培训收入清单及票据复印件，单列的职教集团账户复印件（实地查看）
	★3.3 教学资料（0.06）	3.4.1 能依托行业企业，根据发展需要，不断开发新的课程，及时扩充或更新实训内容，不断优化教学体系（0.02）	专题材料与相关佐证资料（实地查看）
		3.4.2 积极改革传统的教学、实训模式，大力推进教学方法和手段的创新，着力培养学生的实践能力和创新意识，效果明显（0.02）	专题材料与相关佐证资料（实地查看）

续表

一级指标	二级指标	指标内涵	数据采集、资料支撑和评估方式
		3.4.3 能选用与教学内容相匹配的公开出版教材，或集团内院校编写的校本教材（或做学一体的教材），或与行业企业专家共同编写质量较高的教材（或实训指导书），教材能满足上课和实训需要（0.02）	公开出版、校本实训教材（实地查看）
4 管理要素 （0.20）	4.1 发展规划（0.04）	4.1.1 及时制订科学规范、切实可行的职教集团三年发展规划，提出明确的发展目标，有针对性的举措和时间节点，每年实施情况良好，体现了科学发展的理念（0.03）	职教集团三年发展规划、学年工作总结（网络上传）
		4.1.2 注重教学考核方法和内容的改革，积极改革考核方式，注重过程考核；考核内容能基本覆盖对应的职业技能资格证书要求（0.02）	考核方法和规定的有关文件、考核原始记录（实地查看）
	4.2 安全和环保（0.03）	4.2.1 各实训装置有安全操作规程；安全和环保证照在有效期内，相关规章制度执行严格；注重学生实训安全教育，实训过程中安全防护措施到位，学生安全意识强；评估期限内无重大安全、环保事故（0.05）	1.安全和环保制度、安全操作规程（网络上传） 2.安全、环保证书，重大安全、环保事故情况说明（实地查看）

续表

一级指标	二级指标	指标内涵	数据采集、资料支撑和评估方式
	4.3 仪器和设备（0.03）	4.3.1 固定资产的账、物、卡相符率为100%，有专人管理，并建有资产档案；维修及时，维护保养好；主要实训、安全等设备更新升级及时，与行业主流设备的先进性匹配；评估期限内无重大设备事故（0.03）	1.设备更新、升级情况说明（网络上传） 2.职教集团固定资产台账，仪器或设备档案、维护记录，重大设备事故情况说明（实地查看）
	★4.4 质量监控（0.10）	4.4.1 建立了教学质量评价和监控体系。教学实训及培训文件规范齐全，实训或培训标准可满足不同层次和类别人员职业教育或培训的需要；实训教学与培训过程组织严谨、安排合理（0.05）	1.教学质量评价和监控体系（网络上传） 2.全套教学文件、各类培训的原始记录（实地查看）
		4.4.2 通过建立教学质量评价和监控体系，学生职业技能鉴定等级、取证率逐步提高；社会培训享有较高声誉（0.05）	职教集团学年教学质量分析报告（网络上传）
5 文化要素 (0.10)	5.1 网络宣传（0.03）	5.1.1 及时建立职教集团的网站（页），网站（页）及时公布和更新集团信息（0.02）	查看有关网页
	5.2 第二课堂建设（0.04）	5.2.1 有完整的第二课堂标准、计划、总结（0.02）	各类文件（实地查看）
	5.3 制度建设（0.03）	2.1.3 运作管理制度与各类管理信息齐全，基本实现管理信息化（0.02）	各类管理制度（实地查看）
6 特色	6.1 特色（0.05）	4.1.1 职教集团在开放与运作中，在某方面有突破、有成效，在本市职业院校有示范、	学校自己确定内容，并提供相应佐证材料（实地查看）

续表

一级指标	二级指标	指标内涵	数据采集、资料支撑和评估方式
与创新（0.10）		引领作用（0.05）	
	6.2 创新（0.05）	4.2.1 为确保可持续发展，在管理体制、管理制度、运行机制等方面有创新，并取得明显成效（0.05）	
7 加分项目（0.10）	7.1 技能鉴定站（0.04）	5.1.1 已建有相关专业（工种）的职业技能鉴定站（所）的职教集团，经努力提高了职业技能鉴定的等级；未建有相关专业（工种）的职业技能鉴定站（所）的职教集团，创造条件建立了相关专业（工种）的职业技能鉴定站（所）	地方人力资源和社会保障局相关文件证明等（实地查看）
		5.1.2 积极探索引进国际公认的职业资格认证，并能有效组织实施	相关资料（实地查看）
	7.2 实施产学研结合（0.04）	5.2.1 参与科技开发、生产及其技术推广应用	原始记录、相关协议、成果鉴定书（实地查看）
		5.2.2 有一定的生产能力、承接了一定的生产任务，在实际生产中提高了师、生的技能，使之与行业企业需要对接，取得良好的社会效益	有关佐证材料（实地查看）
	7.3 其他（0.02）	5.3.1 职教集团在其他方面表现特别优异	有关佐证材料（实地查看）

说明：1. 本指标体系共有一级指标 7 个，二级指标 22 个。二级指标前带★的核心指标 9 个，是评估的重点内容。

2. 一、二级指标和“指标内涵”后括号内数字为指标权重系数。

3. 一级指标“7 加分项目”的权重为 0.10，其现有二级指标和指标内涵为部分导向指标，故具体权重不定，最终由评估专家根据每个职教集团的具体情况进行加分。

4. 职教集团评估期限内有重大安全、环保事故，或专项经费申请及使用过程中存在违规、违纪等行为的，经核实后将实行一票否决。如评估时故意掩盖、隐瞒有关问题，后经举报、媒体披露的，将按上述措施予以追究处罚，并建议减少对职教集团牵头单位的其他专项经费支持。

第八章 典型案例研究

第一节 政府主导型职教集团——深圳第一职业教育集团

一、基本情况

深圳第一职业教育集团成立于2010年12月底，是经深圳市教育局批准成立的以市直属中职学校为骨干的全市第一家区域性职业教育集团，以深圳市第一职业技术学校（国家级中等职业教育改革发展示范学校）为牵头单位。集团首批理事单位共49个，其中包括14所职业院校及培训机构、27家知名企业、8家行业协会及科研院所。2010年底，集团内全日制中职在校学生数共计11322人（不含市外）。

深圳第一职业教育集团由常务理事会进行管理，下设秘书处，有秘书长1人，副秘书长3人，专职干事2人，负责处理日常事务。

二、运作情况

深圳第一职业教育集团成立以来，注重学校与行业、企业和社会团体的合作，着力发挥重点职业学校的示范和辐射作用，实现职业教育资源共享，提升职业教育的服务能力，增强职业教育的吸引力，开展了一系列项目合作，取得了初步的成效。主要有：

（一）开展国际合作办学。深圳市第一职业技术学校从 2007 年起，采取“专业链接”的方式，与新西兰公立怀卡托理工学院联合开办高等教育学历班，积累了成功的经验。从 2009 年 7 月到 2011 年 7 月，该校先后有三批学生共计 50 余人，完成了国内中等职业教育学业，顺利前往新西兰接受高等职业教育。深圳第一职业教育集团成立后，深圳市 2011 年参加这个项目的中职学校增加到 3 所，合作办学规模扩大到年招生350人。新西兰方面参加合作的院校也从1所扩大到包括惠灵顿理工学院在内的3～5所，互认学分的专业将从6个增加到20多个。今后深圳市将重点依托深圳第一职业教育集团开展国际合作办学，拓展合作领域，使深圳的职业教育国际合作由点到面，不断提高深圳市培养国际化高级专业技术人才的能力，提升深圳市职业教育国际化水平。

（二）积极探索中高职教育衔接。从2009年起，深圳市开放职校与市电大联合开展了"中职—电大直通车"办学模式试点工作，当年招生800余人。这些学生实行中职—电大连读，采用学分制管理，修满电大课程学分可获得电大专科文凭。2008年中央广播电视大学对该校《中职—开放教育连读培养模式的研究与实践》课题立项，2010年5月课题结题，在"全国电大系统第四届优秀科研成果评选活动"中，该课题荣获一等奖。2010年起，试点学校范围扩大到市一职校、市二职校、市三职校、博伦职校和龙岗职校，实际招生共1500余人。2011年"直通车模式"招生规模进一步扩大到2000余人。同时在深圳第一职业教育集团的框架下，整合相关的政策资源，创新职业教育的办学体制和人才培养模式，探索实施"中职—高职直通车"模式。通过本项目，积极实施深圳市职业教育人才培养"立交桥"建设工程，拓宽中等职业教育的发展空间，实现中等职业教育与高等职业教育之间的有效衔接，促进中等和高等两个层面职业教育的共同发展，为推进深圳市现代职业教育体系和终身教育体系的建立做出积极贡献。

（三）建设公共实训基地。2010年深圳市教育局与在全市率先进行"大职教"改革的龙岗区政府合作，共同建设了深圳市职业教育现代制造业、现代服务业、眼镜产业三个公共实训基地，共涉及8个实训专业，有1～7间实训室。三个实训基地用地面积共计1.2万平方米，建筑面积共计2万平方米，实训场地由龙岗区政府提供并筹集资金建设，市财政每年根据教育费附加安排情况，下拨资金用于实训设备购置和维护。2010年9月，三个实训基地正式揭牌开班，并于年底加入市第一职教集团，为统筹规划全市职业教育资源，促进全市职业教育一体化奠定了基础。2010

年，这三个实训基地为深圳市比亚迪、福群电子、群达行精密模具等重点企业培养了 1400 余名技能人才。2011 年，深圳市进一步扩大已有三个公共实训基地的规模，拓展基地培训项目，完善实训设备，提升师资水平，滚动培养适应深圳市现代产业体系建设的中高端技能人才。三个基地运作成熟后，保证了市教育局及龙岗区相关中职学校师生顶岗实习、教学实习、课程实训等需求，每年可培养输送中高端技能人才 7500 人，各类培训总量可达 5 万人次。公共实训基地的共建共享，目的就是通过政府搭建职业培训的平台，为深圳市产业转型升级提供充足完备的中高端技能人才支撑。

（四）校企共建精品课程。深圳市第二职业技术学校积极推进职业教育课程改革，坚持以专业建设与课程建设为载体，以人才培养模式创新为突破口，增强课堂教学的活力和教学内容的实用性，实现学生所学的知识技能与企业岗位技能要求的有效对接，努力提高人才培养的质量。该校按照“做中学、学中做；做了学、学了做”的职业教育人才培养规律，着力构建校企深度合作平台，探索实践“教学工厂”，逐步形成“工学结合、六层推进”职业教育人才培养模式。深圳第一职业教育集团成立后，确定由二职校牵头，选择与深圳市经济支柱产业相关的专业，探索实施“校企共建精品课程”新模式。本项目的核心是让企业的管理或技术人员参与到职业学校的课程建设中来。一方面学校组织专业教师到企业进行调研；另一方面又邀请企业资深技术人员到学校举办讲座、座谈会等形式，校企双方合作编写出既有鲜明校本特色又有行业企业特征的教材。同时加强师资队伍建设，改革教学方法和教学手段，并积极引进企业在学校设立校内实训基地。通过上述措施，努力建设一批受同行认可、可供推广的精品课程。

（五）加大社会培训力度。深圳第一职业教育集团意识到，未来发展中，社会培训必须占到职业学校办学的“半壁江山”。要全面贯彻职业教育面向人人、面向社会的理念，落实《国家中长期教育改革和发展规划纲要》的要求，推进学历教育和非学历教育协调发展、职前教育和职后教育有效衔接，构建完备的终身教育体系，推进学习型社会建设。发挥职业教育服务社会、服务产业、服务企业、服务职工的功能，以促进人的就业能力、职业能力、竞争能力为目标，以聚集和共享优质培训资源为重点，以校企合作为主要途径，积极探索和创新社会培训模式，实现规模化、集约化、连锁化社会培训办学，满足社会发展对高素质劳动者和各层次技能型人才的需要，为深圳经济结构调整和产业升级提供人才服务和智力支撑。

这种做法，一是充分发挥集团学校、企业、行业协会、社会机构各自的资源优势，建立一体化的资源共享机制，特别是在培训信息发布、培训生源组织、培训师资和课程、技能实训设施和场地等方面，逐步形成在利益补偿基础上的资源共享，逐步确立集团内部统一的培训流程和标准化管理体系。二是在集团内部建立各职业学校和会员企业在培训方面的紧密和深度合作。校企在培训计划的制订、专业和工种的选择、师资互认互用、实训设施使用等方面，建立资源共享平台。学校本着优先、优质、优价的原则，为企业在岗位技能培训方面进行个性化订单服务；企业为学校双师型师资培养提供工作岗位和实践操作环境，企业技术专家和能工巧匠担任学校的兼职培训师，校企间共建开放的实训基地。三是建立以职业学校和社会培训专业机构的专任教师为主体，吸纳企业的技术专家和培训师组成职业技能培训师资团，并按专业方向组成若干个专业师资小组，形成 100 名骨干培训团队。在开展职业技能培训的同时，重点面向产业、企业的需求，开发岗位培训课程和实用型教材。每年开发适用型岗位培训工种 30 个以上，编制培训教材 10 本以上。

此外，还以市三职校为主体，组建职工农民工素质教育讲师团，以社会主义核心价值体系为主要内容，包括职业道德、城市生活、文明礼仪、法律常识教育、身心健康、自主学习、职业规划、基础管理等，以送教上门为主要形式进行专题教育。每年专题教育讲座不少于 500 场次，服务企业不少于 200 家，服务职工农民工人数达到 10 万人次以上。

（六）合作开展职业教育科研。深圳第一职业教育集团高度重视教育科研工作，充分利用职教集团的资源优势和组织形式，定期开展经常性的教育科研活动，积极研究职业教育方面的各种课题，积极参与深圳市职业教育的专业建设和课程改革。以教育科研的成果，全面提高职业教育的质量，推进职教集团各项事业全面发展，并为深圳市中等职业教育的改革与发展做出积极的贡献。组建深圳第一职业教育集团教育和科学技术协会，作为集团统一开展各项教科研活动的组织管理机构。协会对上承接国家、省、市级教育学会、科学技术学会和社会科学联合会等各类学术团体，建立学术交流渠道，及时收集、发布各种信息，支持教职员工参加各种学术交流活动和论文评选活动。对内由协会牵头，积极整合集团内的各种研究，集中力量，开展优势互补、分工合作的横向教科研活动，尤其是面向理事企业的小项目开发工作，既为企业转型升级服务，又有力地提升了广大教师的专业实践能力。此外，协会按年度统一受理、评审集团教职员工申报的研究课题并支持教职员工向上申报课题，每年举办一次综合性学术年会，一次职业教育高端论坛，积极开发有深圳特色的中职课程和教材，并力争创办职教集团学报。

三、存在的主要问题

（一）集团的运行机制还不够健全。深圳第一职业教育集团是政府主导型的、区域性跨行业的、非法人的松散型联盟。这种性质的联盟体如何实现高效有序的运作，目前国内还没有很成功的经验可资借鉴。加上本集团成立时间不长，管理体制和运行机制的建设尚待时日。

对此，他们将积极探索符合深圳实际、富有区域特色的职业教育集团化办学的有效模式，明确职教集团各成员单位的权利、义务和责任，完善组织章程、工作程序和各项管理制度。找准利益的共同点，形成成员之间平等自愿、互惠互利、共同发展的稳定合作办学关系。建立健全职业教育集团内学校、企业、行业等各成员之间资源共享、优势互补、互惠共赢的运行机制。

（二）企业参与的积极性还不高。职业教育集团的主要功能之一，就是实行工学结合、校企合作、顶岗实习的人才培养模式。因此企业的积极参与以及行业的有效指导，对职教集团的成功运行具有至关重要的作用。目前由于国家的相关政策尚未明确，企业在职教集团内的权利和义务都在摸索之中，部分企业还在观望和等待，缺乏参与的主动性。

建议：

国家应尽快出台关于职业教育集团化办学的相关政策性文件，明确行业、企业在集团化办学中的职能职责和权利义务，推动企业积极参与职教集团的建设并充分发挥作用。

第二节 行业主导型职教集团——江苏商贸职教集团

一、基本情况

江苏商贸职教集团是以无锡商业职业技术学院为核心，多所院校、行业组织及企业法人在自愿、平等、互利的基础上，以诚信为纽带，以契约为保证组建的跨地区、跨行业、多功能、多层次、综合性的非法人教育集团。

二、运作情况

江苏商贸职教集团的成立搭建了产学研合作的新型平台，把职业教育由职业院校“孤军奋战”转变为校政企行“集团作战”，有效推动了校企深度融合、工学紧密结合，整体推进了职业教育教学改革，切实提升了人才培养水平，取得了诸多显著成果。

（一）搭建平台，优化多元参与高职人才培养的体制和机制

在江苏省教育厅、省商联会的关心与指导下，经过集团成员单位的共同努力，集团已由组建之初的23家成员单位发展到232家。集团在建设与发展过程中逐步探索出以常务理事会为中心，以专业指导委员会为基础的高效运行机制，实现了集约化办学，增强了社会服务能力，提升了集团综合实力。目前，集团已经发展成为信息交流平台、资源整合平台、校企合作平台、利益共享平台、专业建设平台、课程

建设平台、师资提升平台、服务面向平台、实习就业平台等社会广泛参与的高职人才合作培养平台，为提升人才培养水平奠定了新型的组织基础。

（二）依托集团，推动多元参与高职人才培养的探索与实践

运用“整体解决法”，集团内学校借助集团成员（主要是行业企业成员）力量，全面拓展教学要素建设途径，对专业建设、职教课程开发、精品教材建设、师资队伍建设、实训基地建设、共担就业机制等教育教学改革问题加以集成解决，实现了教改从分散推进到整体推动的转变，提高了高职教育教学改革的效能。

（三）深化改革，形成多元参与高职人才培养的创新与特色

运用“校企共育法”，学校探索出类型各异、极具推广价值的职业人才培养形式，提升了学生职业素能。以“八共同”（校企共同确定培养目标、共同制订人才培养方案、共同实施教学、共同教育管理、共同建设校内生产性实训基地、共同设立奖学金、共同解决学生就业问题、共同关注学生职业发展）为特征的“订单”培养形式，实现了校企合作的内涵创新。以“三基于”（基于横向项目合作的业务外包，基于形成业务实践能力的学生顶岗实习，基于提高业务技能的企业项目综合实训形式）为特征的“项目”培养形式，实现了教学做一体化的形式创新。以“创建产教结合经济实体”为特征的“公司”培养形式，实现了人才培养的载体创新；以“双班主任制”为特征的“管理”培养形式，实现了高职学生教育管理的方式创新。以“双高双推”为特征的“贯通”培养，实现了高职与中职教育的有效衔接。

（四）引领示范，推动多元参与高职人才培养的研究与推广

在依托集团办学中始终注重对集团运行规律与机制的研究。学院组织研究团队，追踪集团化办学实践，开展专门研究，总结分析经验，提供理论指导。“高职教育集团化办学的实践与思考——以江苏商贸职教集团为例”等相关成果发表在《中国职业技术教育》等刊物或成为集团决策的重要参考。由集团理事长华桂宏教授主持的2007年江苏省高等教育教学改革重点课题——“以集团化模式推进高等职业教育发展的实践与研究”成功结题。“依托江苏商贸职教集团，提升高职人才培养水平

的探索与实践”项目获 2007 年江苏省教学成果一等奖和第六届高等教育国家级教学成果二等奖。

（五）组建“联盟”，促进东中西部高职院校的合作发展

2010 年 4 月，为支持中西部经济建设，进一步加强东中西部商贸类高职院校间合作，促进共同发展，在与青海交通职业技术学院、内蒙古财经学院、贵州铜仁职业技术学院、安徽六安职业技术学院等中西部院校签订联合办学协议的基础上，由无锡商业职业技术学院为主要牵头单位，东中西部 13 所商贸类高职院校组建了东中西部商贸类高职院校联盟。联盟充分利用各院校教育资源，加强区域交流，探索高职教育制度、体制、机制创新，提高商贸类高职人才培养质量，创新人才培养模式，为全面提高各院校的整体水平和综合实力服务，为中西部地区经济和社会发展服务，集团的辐射半径和社会影响进一步扩大。

三、存在的主要问题

（一）法律地位问题

目前全国以行业为划分标准、以专业为纽带、以校企合作为抓手的职教集团均属于非法人组织，集团成员之间的合作关系相对较松散，有些甚至主要依靠牵头单位负责人的个人人格魅力与影响力开展一些合作。尤其是企业成员单位，有的因为一些短期的迫切的需求加入了集团，然而经过一段时间的合作后，企业需要得到了一定的满足，需求不是那么迫切了，参与的热情也不是那么高涨。职教集团成员之间缺乏一定的约束机制，责任与激励机制尚不完善。

（三）经费来源与使用问题

因为没有在民政、工商、税务等任何部门进行注册登记，集团没有财务专有账户，也没有收取任何费用的理论依据，甚至连公章都没有，更无法开具发票等。就算集团内成员愿意缴纳一定的会费，可是这些钱又该放到哪个账户由谁来负责使用呢？因此，目前大多数职教集团主要是依靠牵头职业院校的极少量经费预算以维持最基本的日常运转。有些职教集团甚至一年到头也没有什么经费收支，试想，这样

形同虚设的职教集团又怎么能推动职业教育的发展？即便是利用集团平台校企之间进行了一些有偿服务，但这些收入往往是具体实施部门的创收，也根本不会成为集团的收入。

（三）人员配备问题

目前全国绝大部分行业性职教集团均没有专职工作人员，大多数都是牵头职业院校的相关职能部门人员兼职。这些人员除了兼职集团的日常工作，还要完成本部门岗位职责范围内的工作任务，加上学院规定的教学与科研任务，因此不能全身心投入到集团建设工作中来。而职教集团工作很重要的一点就是要与现有的其他成员单位经常保持友好联系与互通，在交流中努力寻求合作的机会，协调双方利益的平衡点。同时还要不断吸纳新的优质成员，不断开发新的更好的合作项目，以便真正发挥集团在校企合作、工学结合办学过程中的平台作用，这些大量的工作都需要投入一定的人力。

（四）中高职衔接问题

组建职教集团的目的之一就是要解决中高职贯通发展问题。但目前中职与高职在人才培养定位、教学大纲、教学计划、课程设置等方面存在一定程度的界限不清、定位不明的问题，某些专业甚至出现高职不高、中职不低等现象，这违背了将职业教育分为不同层次的根本规律，也没能实现职教集团在组建与发展过程中广泛吸纳不同层次职业学校作为成员的根本目的。

（五）职业资格标准问题

职教集团要想在校企合作方面取得企业方的热情参与，确定行业职业资格标准是一项有效的举措。但目前无论是人事部门，还是劳动部门，将职业资格标准制订、职业资格证书考核等交由相应职教集团来完成的非常少。

建议：

1. 组织建设

将集团化办学改革与建立现代学校制度相结合，在总结职教集团理事会运作的成功经验基础上，以专业群为单元，探索建立二级理事会，健全社会支持和监督学校发展的长效机制。

以集团化办学的思路重构职业院校内部组织，强化职业院校与外部世界的多元合作、联合发展，建立以校企合作中心（含与行业组织的合作）、校际合作中心、校政合作中心、国际合作中心为基本框架，以各专业院系为组织单元的矩阵式组织结构，在二级院系健全校企合作推进工作组织，加强人员配置，扩大社会合作，推进资源共享，形成协调合作的有效机制，提高职教集团牵头单位的建设水平。

合理设定联盟型职教集团的规模，优化成员结构。尽管职教集团包含的成员类别较多，但无疑应以企业为主体。优化成员结构时，要提高集团进入门槛，可考虑以长期紧密合作为基本要求，选择优质的合作对象。

2. 合作办学建设

深化校企合作办学，在组织化、有序化、常态化、整体性推动上着力，在可操作性上做文章，可实施“校企合作系列工程”。内容包括加强校际合作办学，深化建设“东中西部商贸类高职院校联盟”，在招生制度上探索建立东中西部跨地区职业教育协作机制，加快优质教育资源跨地区共享，从而推进省际职业教育协作改革。支持省内中职学校发展，建设生源基地，支援苏北中职发展，加强教育援助，在双高双推工程基础上，实施“贯通计划”，探索建立集团内中高职院校间的注册招生制度，在集团范围内推动中高等职业教育贯通发展。加强与行业协会联系，促进信息资源跨区域共享等。

3. 合作育人建设

通过推行校企“双班主任”制、专业教师“一师一企”制度、建立“企业教师工作站”等，建立适合高职教育理念的教师实践制度，打造高水平的“双师”素质教师队伍，完善校企长效合作的运行机制；通过建立“校中厂”“厂中校”等校企合作载体，以实施项目合作为纽带，以学生员工制和项目经理制为形式，将真实的企业环境和企业理念与学校教育教学有效融合，提升人才培养水平，提升教师教学及科研应用水平，提升服务社会的能力和水平，打造校企利益共同体，实现校企互利双赢。

4. 合作就业建设

树立合作就业观念，加大合作就业力度，拓宽合作就业渠道，创新合作就业模式，形成校企合作共担就业与校校合作共担就业新模式，实现共赢目标。校企合作共担就业方面，与企业深入合作，通过建立“源头合作”关系，扩大订单班数量；通过建立“中间合作”关系，扩大企业对职业教育教学的实质性参与；在职教集团成员单位内部形成旨在针对毕业环节的“供需洽谈会”常规制。校校合作共担就业方面，集团内院校加强合作，逐步实现高技能人才有序流动。

5. 合作发展方面

一是合作共建企业信息资源库，内容包括企业机构信息、资源信息和供需信息等。这些信息能有效满足不同企业需求，促进企业发展。

二是合作开展企业人力资源的开发与管理，进一步提升企业人力资源价值。内容包括企业人员进校组班培训、教师赴企业授课培养、合作进行技术开发培养以及合作项目培养。

三是合作开展职业技能鉴定。一方面，职教集团利用学校职业技能鉴定所（站）的优势，对集团内合作企业的在职人员开展职业技能鉴定，可以为企业提升人力资源的质量和水平；另一方面，合作企业在职业技能鉴定方面有一定的场地等条件优势，可以为职业院校的学生参加职业技能鉴定提供一定的条件和支持，为学生尽早适应职场要求提供资源。

四是开展四技服务，在四技服务中锻炼队伍，换取合作。内容包括为企业合作开发技术、进行技术转让、开展技术咨询以及开展技术服务，以学院技术知识优势为企业解决特定的技术问题等。

第三节 院校主导型职教集团——哈一职职教集团

一、基本情况

2002年，由哈一职牵头，联合省内11个同类中高职学校、企事业、机关单位共同创办黑龙江省首家职教集团——“哈一职职教集团”。

职教集团由三部分组成：部分职业高中学校，高等职业技术学院，企业事业单位。首批加入职教集团的单位有：哈尔滨市第一职业高级中学校（基点校），依兰县职业高中，巴彦县职教中心，哈尔滨市第九职业高中，哈尔滨市第十职业高中，黑龙江恒运集团，哈尔滨市工业大学职业教育学院，哈尔滨市邮政局，平川药业股份有限公司，国务院机关事务管理局西山服务局，于红岩服装公司。

二、运行情况

2002年以来，哈一职在不改变原隶属关系和管理体制的情况下，以自觉自愿、互惠互利为原则，实现职教集团部分资源的统一调度和部分工作的统筹协调，成员校共同专业实现内部的“五个一致”“三个支持”，即：发展目标一致；教育教学要求一致；教学评估标准一致；市场导向一致；社会功能一致；教师互相支持；实习就业互相支持；实习条件互相支持。职教集团由办学委员会和执行委员会两级管理。企事业单位挂“哈一职职教集团成员单位”铜牌，中等职业学校和高等职业技术学院挂“哈一职职教集团成员校”铜牌，哈一职作为基点校，挂“哈一职职教集团基点校”铜牌。

职教集团内部，学校与部分企业之间真正做到了“共赢“。早在1997年，学校就与国务院机关事务管理局西山服务局签订联合办学协议，每年学校均选派20余名优秀学生到西山服务局实习，部分学生被择优录用，截至目前，学校累计为国务院机关事务管理局西山服务局选送600余人。1996年开始，学校与哈尔滨市邮政局建立联办关系，每年均成立“邮政”冠名班，由邮政局专业人员任专业课教师，学生定期整班到全市各邮政网点实习，学生毕业后择优被邮局录用。自 1998 年黑龙江省高职升学以来，学校积极为高职院校培养优秀学生，每年均有近百人考入工大华德职业技术学院，部分优秀毕业生留校任教。

2007 年，学校探索尝试与农村职业教育合作、成立城乡职业教育共同体办学模式。与二农职成立联合共同体，在教学计划、教学内容、产学研结合、师资队伍建设、实习实训基地建设、图书资料建设等方面与之展开全面的对口交流，努力实现优势互补、资源共享。择优选派旅游专业教师到 132 中学支教，教授旅游专业课程。在协助完成教学任务的同时，学校积极发挥联办功能，积极运作，将 132 中学旅游专业毕业生推荐到北京国务院机关事务管理局西山服务局工作，为农村学生拓宽了就业渠道。

2010 年，为增强哈一职的服务能力和品牌效应，同年 3 月，道外区启动职业教育整合方案，即保留哈尔滨市第一职业高级中学，将原三职、原十职整合为哈一职的办学点，成立“道外区职业教育集团”。在地域上，集团划分为西区、东区、农区等三区。西区分为三址，专业设置主要服务于三产，即一职本部、原十职、教育宾馆；东区分为两址，专业设置主要服务于二产，即原三职、哈一机职；农区分为两址，专业设置主要服务于一产，即原二农高、永源职高。由此形成从乡村到城市，由东到西，一、二、三产业职业人才培养平台依地域方位梯次呈现，合理布局。区域性职教集团成立以来，由道外区教育局统筹，专业教师根据工作需要，分布在集团内部成员校流动上课，实行“留档流人”管理，在师资、设备、实训条件等方面形成了“互利共赢”，节省了职教资源，壮大了区域性职教发展规模。

三、存在的主要问题

自 2002 年以来，学校在职业教育集团化办学中开展了一些工作，但职业教育集团化发展模式还处于探索当中。

一是组织形式相对松散。从现有学校职业教育集团来看，涉及职业院校、企业、行业等，内部管理还不够规范，没有相应的配套组织与制度，集团成员联系与合作缺乏有效的长效机制，不利于形成集团主体学校及其成员单位的发展优势。

二是企业参与程度不深。在具体运作中，都是职业学校在唱主角，理事长均由教育局和职业学校的领导担任，企业参与的积极性并不高。企业往往对当前能立即见效的合作较感兴趣，而对一些见效慢的合作，特别是教育教学改革方面的合作不是太热衷，致使有的成员企业只是挂名或直接退出职业教育集团。

三是政府关注及重视程度不够。在职业教育集团化发展过程中，政策支持力度不够，没能形成良好的外部环境来促进集团发展。

建议：

1. 政府要认真履行发展职业教育的职责，统筹职业学校教育资源的协调和综合利用，推进城乡、区域合作，增强职业教育服务区域发展的能力。建立职业学校基本办学标准、学校生均经费基本标准和生均财政拨款基本标准，健全职业教育投入机制，增加职业教育经费投入。应鼓励企业、各办学实体参与职业教育集团化办学，积极制定吸引企业参与的优惠政策。

2. 依托专业群和骨干专业，采取建在企业、股份合作、校企共建等模式，共建产业化实习实训基地，参与集团化办学。要使实习实训与企业的生产经营相结合，明确企业的责任，每年接受集团学校一定数额的学生进行“半工半读、工学交替”。推动教师和学生动手能力的培养和实训基地设备的自我更新，解决实训原材料的消耗问题，通过这种校企内在的利益动力，实现校企真正的结合。

3. 加强集团制度建设。要建立职教集团成员单位工作考评激励和奖励制度，推动校企合作；大力推行劳动预备制度，配合做好企业用工的岗前培训；利用校企紧密合作的优势开展技能型人才培养方案和规律的研究，做好集团化办学的前瞻性研究；鼓励企业专业技术人员和管理人员到学校任教、兼职，不断优化职业学校人力资源配置；建立职教集团的进入门槛和优化机制，保证职教集团成员在一个高起点上共同发展；坚持“大职业教育”的发展思路，根据经济社会的需求，充分延伸职教集团的教育功能和社会功能，不断形成职业教育新的发展点。

职业教育集团化办学是职业学校做大、做强的必然途径，应继续遵循“政府主导、政策引领、学校主体、企业参与、统一规划、市场运作”的集团化办学的基本思路，科学布局，集约发展，协同推进，集成组建，通过走集团化办学之路，使职业教育得到更好、更快的发展。

第四节　企业主导型——青岛西海岸职教集团

一、基本情况

青岛西海岸职教集团采取理事会领导的紧密型“双法人”运作模式。理事会是集团的领导和协调机构，由政府部门领导牵头，下设事业法人和企业法人。事业法人由 4 个公办中高职院校组成，拥有校舍近 100 万平方米，实训设备价值两亿余元、教职工 2000 余人，在校生近 3 万人。企业法人即国有独资企业青岛西海岸职业教育集团有限公司（以下简称集团公司），于 2012 年 1 月成立，注册资金 5 亿元，主要负责青岛西海岸新区职业教育资源整合与市场化经营，教育投资与教育项目开发建设，教育后勤社会化服务等。下设教育投资、职业培训、人力资源、置业、物业后勤等业务板块。

二、运行情况

青岛西海岸职业教育集团公司作为职教集团的实体化运作平台，依托事业法人的校舍、实训设备、师资、学生等资源，进行市场化运作，吸纳社会资源的参与，获取经济和社会效应后，以教育再投入的方式反哺职业教育。

对于学校而言，一方面集团公司可以灵活利用现有的资源，更好地发挥教育资源的优势；另一方面可以利用公司平台与学校开展深度的校企合作，为学校搭建实训平台以及资源平台等。

事业法人由于有财政拨款，往往拥有较好的教学和实训资源，但是因为缺乏相关的具有企业工作经验的师资和职业环境，实训往往难以达到预期的效果。因此，需要把企业专家请到课堂，将学校文化与职场文化融合起来。例如集团公司与西门子有限公司合作，在中德生态园共建“双元制”生产性实训基地，引进西门子的数控加工设备及专有的操作技术，由德国专家亲临指导生产和实训，培养的学员更加适合德资企业需要，深受企业欢迎。同时，学校教师与西门子专业技术人员相互兼职，双岗双责，师资水平也得到了很大的提升。

集团公司托管事业法人的校舍、实训设备等资源，将教育资源转变为市场资源，以市场化运作获取收益，再投资到职业教育上，实现教育资源自身滚动发展。例如，集团公司托管了职业院校价值800余万元的数控车床、铣床等实训设备，并在此基础上提供流动资金添置先进设备，聘请企业指导老师，与青岛旭东工贸有限公司合作生产。职业院校学生实训发生的耗材、餐费、工装及报酬全部由企业承担。

在运营管理体制上，集团在全国首创政府主导、事业法人与企业法人并行的“双法人”制，这一模式整合设计现代企业制度与现代学校制度，实行集团组织框架下的“双法人”制和董事会形式的治理结构。事业法人先期统筹青岛职业技术学院等4所中高职院校资源，成立青岛西海岸职业教育发展中心；企业法人以2012年1月政府注资2亿元成立的青岛西海岸职业教育有限公司为组建主体，通过股权联结等方式逐步引入其他优质企业资源，过渡到集团化的企业。“双法人”均以产权为纽带，以利益共享为基础，以现代法人治理结构为实现形式，通过两条腿走路。那么为何要以政府为主导呢？全国各地有不少职教集团，但大部分都是由学校主导的，所以在发展过程中遇到问题需要协调时，难度较大，而集团的理事长是由区政府领导兼任，这样出现问题与各部门协调时力度就更大。比如说集团正在探索职教园区开发运营新模式，以职教公司为投融资平台，规划建设西海岸职教园区，打造集研发、生产、居住、教育、商务、休闲等功能为一体的综合教育社区。没有政府的支持，是根本不可能实现的。

目前，各类职业学校由于教学的需要，承接了为数不少的实训、校产资源，但因为使用成本太高，大多处于“沉睡”的状态，集团化的“双法人”制可以很好地解决这一问题，职教公司作为集团企业法人，更可以利用“看不见的手”找资源、聚财富。假设一个学校有两台机床，如果要面向社会招租，也只能给小作坊用，大企业看不上。而实行“双法人”后，整个西海岸职校拥有的闲置机床都能整合起来，通过企业法人统一运作，这样不仅盘活了学校的闲置资源，更可以让学生有一个更好的实习机会。

西海岸职教集团还通过投资建设、租赁经营、后勤托管等方式，对开发区职业中专和青岛理工大学老校区进行改造，建设软件服务外包实训基地、青岛软件技术学院；托管青岛新时代职业学校等薄弱民办职校，实现优质职教资源规模扩张；在凤凰岛中学试点盘活基础教育可经营性资产，减轻学校管理负担，提高公共设施利用率。

不仅如此，职教公司成立以来引进了大量优质教育资源，总投资16亿元的中央音乐学院青岛艺术学校、青岛为明实验学校等项目，2012年内开工建设。整合农业、人事劳动、工业企业等行业政府主导的公益性培训，建立政府购买职教公司培训服务制度，开展绿色建筑、绿色环保等紧缺技能型人才培训千余人次。

针对各层次职业教育之间的断层、脱节和产教融合深度不够造成的人才培养层次不高、实践能力差的问题，“双法人”制也进行了有效的探索。

西海岸职教集团发挥区内高校占青岛市近一半的优势，积极开展各种形式的合作与探索。目前，6所中高职院校实施“三二连读”，2所高职与普通高校试点“3+2”分段培养，并与北京交通大学合作培养软件工程硕士。“双法人”更加理顺了学校与企业的关系，办“校中厂、厂中校”，开展完全工厂化实训，提高培训实训质量。开发区职业中专、西海岸职教公司、旭东工贸公司合作建设旭东实训基地，创新“三元制”办学模式，主要承接焊接、数控加工等实训和生产订单；青岛职业技术学院、黄岛区高级职业技术学校和青岛海信通信有限公司联合开办应用电子技术专业“3+2”大专班，“招生即招工”，学生享受公司在职员工福利待遇，五年学龄折算两年工龄，纳入后备干部库。

结束语

伴随着我国集团化办学建设步伐不断推进，职教集团成员单位的联盟逐步从初步聚合走向深度合作、从外部交往走向内部合作，并由公益性的驱动走向公益与利益的双重结合。特定时间与范围，当公益与利益相互冲撞的时候，一些深层次的问题也逐渐显现。例如：职教集团化办学的法人地位和法人治理结构问题；职教集团化办学的政府主导与办学实体自主发展问题；职教集团化办学的校企合作与利益取向问题；职教集团化办学的教育公益性与企业逐利的悖弈问题；职教集团化办学的专兼结合教学团队建设问题；职教集团化办学的质量保障与绩效评价的实施问题等。诸如此类，既是推进集团化办学中遇到的一些现实挑战，也是本书想与同仁共同探讨的一些问题，旨在通过相互切磋与交流，达成共识并形成对策，以加快推进职教集团化办学的建设步伐。

参 考 文 献

【1】Panzar J.C. and Willing R. D. Economies of Scope[J]. American Economic Review，1981.5（7），268-272.

【2】马成荣. 关于职教集团基本问题的思考[J]. 教育发展研究，2005.10

【3】董兆伟，侯维芝. 基于公司治理框架下的高职教育集团化设想[J]. 职教论坛，2007.7

【4】刘宝. 安徽省职业教育集团发展的问题与对策研究[J]. 职业技术教育，2010

【5】董秀华. 国外教育集团发展与运行简析[J]. 开放教育研究，2005 .5

【6】林苏. 借鉴欧盟合作机制促进高职教育集团化建设[J]. 江苏高教，2006.5

【7】匡英. 职业教育集团化办学模式的思考[J]. 外国教育研究，2008.6

【8】王笑梅，孔凡成，李美芳. 发达国家职业教育集团化的“职业能力”培养机制[J]. 现代企业教育，2008.5

【9】陈牛则. 我国职教集团化发展构想[J]. 职业技术教育(教科版)，2004.16

【10】冯象钦，段志坚，马仲明等. 集团化办学是改革和发展职业教育的重要途径[J]. 中国职业技术教育，2003.9

【11】陈崇. 论职业教育的集团化发展[J]. 河北师范大学学报(教育科学版)，2006.11

【12】冯象钦，段志坚. 关于职业教育集团化办学[J]. 职业技术教育，2003.10

【13】米靖. 职业教育集团化办学的若干关系问题[J]. 教育发展研究，2008.3

【14】胡英芹. 论我国职业教育集团化办学的政策与制度保障[J]. 继续教育研究，2011，（6）: 39.

【15】李晓娣，李柏洲. 企业集团产生和发展的经济学分析[J]. 现代管理科学，2004. 8

【16】朱军文. 新制独立学院运行效率：立足交易费用的考察[J]. 华东理工大学学报（社会科学版），2005.2

【17】刘灿，宋光辉. 高校扩招过程中的规模经济和范围经济[J]. 经济理论与经济管理，2004.1

【18】汪玲萍. 从两对范畴看滕尼斯与涂尔干的学术旨趣[J]. 社会科学论坛，2006.12

【19】王志伟. 企业法人型职教集团产权制度初探[J]. 教育与职业，2013.1

【20】王川. 论职业教育的内涵与本质属性[J]. 职教论坛，2005（16）

【21】章建新，吴业东. 不同主导类型职教集团的制度比较[J]. 天津市经理学院学报，2011.12

【22】徐佳，许志军. 关于职教集团办学要素的分析[J]. 职教论坛，2012（26）

【23】黄尧. 职业教育集团化办学的理论研究与实践探索[M]. 高等教育出版社，2009.2

【24】毛蕴诗，李新家，彭清华. 企业集团扩展动因、模式与案例[M]. 广州：广东人民出版

【25】刘春生等. 职业教育学[M]. 北京：教育科学出版社，2003

【26】埃米尔·涂尔干. 社会分工论[M]. 北京：生活·读书·新知三联书店，2000社，2000.125 ~ 130.

【27】袁纯清. 金融共生理论与城市商业银行改革[M]. 北京：商务印书馆，2002.9

【28】余秀琴. 中国经济转型期职业教育集团化发展[D]. 天津：天津大学，2009

【29】杨柳. 职业教育集团化办学的初步研究[D]. 湖南：湖南农业大学，2007. 41 ~ 42.

【30】赵丽萍. 职业教育集团化办学研究[D]. 福建：福建师范大学，2007. 31.

【31】闻待. 教育集团的理论与实践初探[D]. 广西：广西师范大学，2003.

【32】罗燕. 辽宁省职教集团资源共享问题研究[D]. 沈阳：沈阳师范大学，2012

【33】大力发展中国特色的职业教育——温家宝总理在全国职业教育工作会议上的

讲话[Z].
【34】鲁昕. 适应需求 改革创新 努力提高职业教育服务国家战略的能力[Z]. 2012.3.16
【35】鲁昕. 深入推进教育体制改革试点工作完善职业教育国家制度体系[Z]. 2012.12.18
【36】《国务院关于大力发展职业教育的决定》（国发〔2005〕35 号）[Z]. 2005.10.28
【37】《教育部关于加快推进职业教育集团化办学的若干意见》（教职成〔2009〕号）[Z]. 2009.2